Jan Niederle

Schuldrecht BT 1
- Kauf-, Miet- und
Werkvertragsrecht -

3. Auflage 2008

ISBN 978-3-86724-022-2

3. Auflage 2008

Bezug möglich direkt vom Verlag
Niederle Media
48341 Altenberge
Fax (02505) 93 98 99
E-Mail: info@niederle-media.de
www.niederle-media.de

Lektorat: Jan Wendorf

Druck:
TOPOLgrafSA

▶ Inhalt

▶ Schuldrecht BT 1

▶ Vorwort

Dieses Skript ist gedacht als Einführung in die Grundlagen des Besonderen Teils des Schuldrechts. Nachlesen und nachbereiten kann man hier anhand klausurtypischer Fälle die Themen, die meist in den Anfänger-Vorlesungen behandelt werden. Dazu gehören z.B. die Rechte des Käufers, Bestellers und Mieters sowie der Verbrauchsgüter- und der Versendungskauf.

Der Name **Niederle Media** steht für Skripten, die zu einem großen Teil von Autoren mit mehrjähriger Lehr-Erfahrung als Hochschullehrer oder AG-Leiter verfasst wurden und die

- klausurrelevante Themen *kompakt* darstellen,

- meist in 1-2 Tagen und demnach *zeitsparend* durchgearbeitet werden können,

- so *verständlich* sind, dass auch Anfänger damit regelmäßig auf Anhieb klarkommen,

- *Fallbeispiele, Übersichten* und *Schemata* enthalten,

- sehr *erschwinglich* sind (ab 6,60 Euro).

Aufgrund dieser Eigenschaften sind unsere Skripten hervorragend geeignet für den ersten, unkomplizierten Einstieg in die Materie oder für eine schnelle Wiederholung kurz vor der Prüfung. Dafür drücke ich schon jetzt ganz fest die Daumen,

Jan Niederle

▶ Unsere 📖 Skripten 📑 Karteikarten 🎧 Hörbücher (Audio-CDs)

Zivilrecht (je 6,60 €*)
- 📖 Standardfälle für Anfänger und 📖 Standardfälle für Fortg.
- 📖 Grundlagen und Fälle BGB für 1. und 2. Sem. (9,90 €)
- 📖 Standardfälle BGB AT
- 📖 Standardfälle Schuldrecht
- 📖 Standardfälle Ges. Schuldverh. (§§ 677, 812, 823)
- 📖 Standardfälle Sachenrecht
- 📖 Standardfälle Familien- und Erbrecht
- 📖 Originalklausuren Übung für Fortgeschrittene
- 📖 🎧 Basiswissen BGB (AT) (Frage-Antwort)
- 📖 🎧 Basiswissen SchR (AT) und 📖 🎧 Basisw SchR (BT)
- 📖 🎧 Basiswissen Sachenrecht
- 📖 Einführung in das Bürgerliche Recht
- 📖 BGB (AT) (9,90 €)
- 📖 Schuldrecht (AT) (9,90 €)
- 📖 Schuldrecht (BT) 1 - §§ 437, 536, 634, 670 ff.
- 📖 Schuldrecht (BT) 2 - §§ 812, 823, 765 ff.
- 📖 SachenR 1 – Bewegl. S., 📖 SachenR 2 – Unbewegl S.
- 📖 Familienrecht und 📖 Erbrecht
- 📖 Streitfragen Schuldrecht
- 📖 🎧 Definitionen für die Zivilrechtsklausur (9,90 €)

Strafrecht (je 6,60 €*)
- 📖 Standardfälle für Anfänger Band 1 (7,90 €)
- 📖 Standardfälle für Anfänger Band 2
- 📖 Standardfälle für Fortgeschrittene (8,90 €)
- 📖 🎧 Basiswissen Strafrecht (AT) (Frage-Antwort)
- 📖 Basiswissen Strafrecht (BT) in Vorbereitung
- 📖 Strafrecht (AT)
- 📖 Strafrecht (BT) 1 – Vermögensdelikte (7,90 €)
- 📖 Strafrecht (BT) 2 – Nichtvermögensdelikte (7,90 €)
- 📖 Jugendstrafrecht/Strafvollzug/Kriminologie
- 📖 🎧 Definitionen für die Strafrechtsklausur

Öffentliches Recht (je 6,60 €*)
- 📖 Standardfälle Staatsrecht I – StaatsorgaR (7,90 €)
- 📖 Standardfälle Staatsrecht II – Grundrechte (9,90 €)
- 📖 Standardfälle für Anfänger (StaatsorgaR u. Grundrechte)
- 📖 Standardfälle Verwaltungsrecht (AT) (7,90 €)
- 📖 Standardfälle Verwaltungsrecht für Fortgeschrittene
- 📖 Standardfälle Baurecht (7,90 €)
- 📖 Standardfälle Europarecht (7,90 €)
- 📖 🎧 Basiswissen Staatsrecht I – StaatsorgaR (Frage-Antw.)
- 📖 🎧 Basiswissen Staatsrecht II – GrundR (Frage-Antw.)
- 📖 Basiswissen Verwaltungsrecht AT– (Frage-Antwort)
- 📖 Staatsorganisationsrecht (9,90 €)
- 📖 Grundrechte (9,90 €)
- 📖 Staatshaftungsrecht (7,90 €)
- 📖 Verwaltungsrecht (AT) 1 - VwVfG
- 📖 Verwaltungsrecht (AT) 2 – VwGO
- 📖 Verwaltungsrecht (BT) 1 – POR (7,90 €)
- 📖 Verwaltungsrecht (BT) 2 – Baurecht
- 📖 Verwaltungsrecht (BT) 3 – Umweltrecht
- 📖 🎧 Europarecht (9,90 €)
- 📖 🎧 Definitionen Öffentliches Recht (8,90 €)

Steuerrecht (je 6,60 €*)
- 📖 Abgabenordnung (AO)
- 📖 Einkommensteuerrecht (EStG) (7,90 €)
- 📖 Umsatzsteuerrecht (UStG) (7,90 €)
- 📖 Erbschaftsteuerrecht: erscheint ca. April 2008!
- 📖 Steuerstrafrecht/Verfahren/Steuerhaftung (7,90 €)

Sozialrecht (je 6,60 €*)
- 📖 Kinder- und Jugendhilferecht
- 📖 Sozpäd. Diagn.: SPFH & ambul. Hilfen d. KJH
- 📖 Sozialrecht

Nebengebiete (je 6,60 €*)
- 📖 Standardfälle Handels- & GesellschaftsR
- 📖 Standardfälle Arbeitsrecht (7,90 €)
- 📖 🎧 Basiswissen Handelsrecht (Frage-Antwort)
- 📖 🎧 Basiswissen Gesellschaftsrecht (Fra.-Antw.)
- 📖 🎧 Basiswissen ZPO (Frage-Antwort) (7,90 €)
- 📖 🎧 Basiswissen StPO (Frage-Antwort)
- 📖 Handelsrecht
- 📖 Gesellschaftsrecht
- 📖 Arbeitsrecht (7,90 €)
- 📖 Kollektives Arbeitsrecht (7,90 €)
- 📖 ZPO I – Erkenntnisverfahren (7,90 €)
- 📖 ZPO II – Zwangsvollstreckung
- 📖 Strafprozessordnung – StPO
- 📖 Internationales Privatrecht – IPR (7,90 €)
- 📖 Insolvenzrecht
- 📖 Gewerbl. Rechtsschutz/Urheberrecht (7,90 €)
- 📖 Wettbewerbsrecht (7,90 €)
- 📖 500 Spezial-Tipps f. Juristen (10,90 €)
- 📖 Mediation (7,90 €)

Karteikarten (je 8,90 €)
- 📑 Grundlagen des Zivilrechts
- 📑 Streitfragen Strafrecht
- 📑 Strafrecht (BT) 1 - Vermögensdelikte
- 📑 Strafrecht (BT) 2 – Nichtvermögensdelikte

Assessorexamen (je 6,60 €*)
- 📖 Die Relationstechnik
- 📖 Der Aktenvortrag im Strafrecht
- 📖 Der Aktenvortrag im Wahlfach Strafrecht
- 📖 Der Aktenvortrag im Zivilrecht
- 📖 Der Aktenvortrag im Öffentlichen Recht
- 📖 Urteilsklausuren Zivilrecht
- 📖 Anwaltsklausuren Zivilrecht
- 📖 Staatsanwaltl. Sitzungsdienst & Plädoyer
- 📖 Die strafrechtliche Assessorklausur
- 📖 Die öff.-rechtl. Assessorklausur Bd.1 (7,90 €)
- 📖 Die öff.-rechtl. Assessorklausur Bd.2
- 📖 Zwangsvollstreckungsklausuren
- 📖 Vertragsgestaltung in der Anwaltsstation

BWL & VWL (je 6,60 €*)
- 📖 Einführung in die Betriebswirtschaftslehre
- 📖 Einführung in die Volkswirtschaftslehre
- 📖 Ratg. „500 Spezial-Tipps für BWLer"
- 📖 Rechnungswesen
- 📖 Marketing
- 📖 Organisationsgestaltung & -entwickl. (7,90 €)
- 📖 Internationales Management
- 📖 Unternehmensführung
- 📖 Wie gelingt meine wiss. Abschlussarbeit?
- 📖 Ratgeber Assessment Center

Schemata (9,90 €)
- 📖 Die wichtigsten Schemata - ZivR,StrafR,ÖR
- 📖 Die wichtigsten Schemata - Nebengebiete

---

* 6,60 Euro, soweit nicht ein anderer Preis in ( ) angegeben ist! Irrtümer/Änd. vorbehalten!

🎧 bedeutet: auch als **Hörbuch** (Audio-CD) lieferbar (7,90 €)

Im **niederle-shop.de** bestellte Artikel treffen idR *nach 1-2 Werktagen* ein!

Lektion 1: Das Kaufvertragsrecht

Im Idealfall geht der Käufer mit der gekauften Sache nach Hause und ist damit glücklich bis an sein Lebensende. In der Realität und vor allem auch in Klausuren ist es jedoch oft nicht so. Zu unterscheiden sind zwei typische Fallgruppen:

- **Unmöglichkeit**
  Der Verkäufer und der Käufer haben einen Kaufvertrag geschlossen; dem Verkäufer ist es jedoch gar nicht möglich, seine Pflicht aus § 433 I 1 zu erfüllen. Er ist also nicht in der Lage, die verkaufte Sache zu übergeben und das Eigentum daran zu verschaffen. Daher kann der Käufer die Sache erst gar nicht „mit nach Hause nehmen".

- **Mangelhaftigkeit**
  Der Verkäufer verschafft dem Käufer entsprechend seiner Pflicht aus § 433 I 1 das Eigentum an der Sache und übergibt sie. Der Käufer kann die Sache also „mit nach Hause nehmen". Doch schon nach kurzer Zeit zeigt sich, dass die Sache nicht richtig funktioniert und irgendwie mangelhaft ist. Beispiele: Die gekaufte Waschmaschine schleudert nicht, der gekaufte PKW verliert Öl, der gekaufte PC-Monitor flimmert stark.

Beide Fallgruppen sollen nun näher betrachtet werden.

A. Die Unmöglichkeit

Wenn der Verkäufer nicht (mehr) in der Lage ist, die gekaufte Sache zu übergeben und das Eigentum daran zu verschaffen, stellen sich meist zwei Fragen: Kann der Käufer vom Verkäufer weiterhin Übereignung der Sache gemäß § 433 I 1 verlangen? Und: Kann der Verkäufer weiterhin vom Käufer Kaufpreiszahlung gemäß § 433 II verlangen?

Regelmäßig geht im Falle der Unmöglichkeit der Anspruch des Käufers auf Lieferung gemäß § 275 und der Anspruch des Verkäufers auf Zahlung gemäß § 326 I 1 unter.

Beispiel 1: Verkäufer V schließt mit Käufer K einen Kaufvertrag über seinen gebrauchten VW-Golf für 9.000 Euro. Der Wagen wird aber noch nicht übereignet. V und K vereinbaren, dass V den Wagen am nächsten Tag zu K bringen soll. Auf der Fahrt zu K wird der Wagen bei einem Unfall dann völlig zerstört. Verantwortlich für den Unfall war allein Porschefahrer P. K verlangt von V Lieferung des Wagens. V verlangt von K Zahlung der 9.000 Euro. Zu Recht?

I. K könnte gegen V einen Anspruch auf Lieferung des Golfs aus § 433 I 1 haben.

1) Anspruch entstanden? Ja, K und V haben einen wirksamen Kaufvertrag geschlossen.

2) Anspruch untergegangen? Der Wagen ist zerstört. Daher ist es dem V unmöglich, den Wagen zu übereignen. Daher ist der Anspruch des K aus § 433 I 1 gemäß § 275 I untergegangen.

II. V könnte gegen K einen Anspruch auf Kaufpreiszahlung aus § 433 II haben.

1) Anspruch entstanden? Ja, K und V haben einen wirksamen Kaufvertrag geschlossen.

2) Anspruch untergegangen? Der Schuldner V muss – wie oben festgestellt - wegen § 275 I nicht an K leisten. Also ist sein Anspruch auf die Gegenleistung gemäß § 326 I 1 untergegangen. Also kann er keine Kaufpreiszahlung von K fordern.

Gemäß § 326 I 1 geht also der Anspruch des Verkäufers auf Kaufpreiszahlung grds. unter, wenn er wegen Unmöglichkeit (§ 275) nicht leisten muss. Ausnahmsweise bleibt ihm jedoch der Anspruch jedoch in folgenden Fällen erhalten:

- Der Käufer ist für die Unmöglichkeit **allein oder weit überwiegend verantwortlich**, § 326 II 1.

- Die Sache war dem Käufer bereits **übergeben**, § 446 S. 1, d.h., der Käufer hat den Besitz (§ 854), aber noch nicht das Eigentum daran erlangt.

- Der Käufer befand sich zum Zeitpunkt des Untergangs der Sache im **Annahmeverzug**, § 446 Satz 3.

- Die Voraussetzungen eines **Versendungskaufs** liegen vor, § 447 I.

Beispiel 2: Wie Beispiel 1. Jedoch: Nicht Porschefahrer P, sondern der zufällig entgegenkommende K war für den Unfall allein verantwortlich. Kann V Kaufpreiszahlung gemäß § 433 II von K fordern? Zu prüfen ist:

<u>V könnte gegen K einen Anspruch auf Kaufpreiszahlung aus § 433 II haben.</u>

1) Anspruch entstanden? Ja, K und V haben einen wirksamen Kaufvertrag geschlossen.

2) Anspruch untergegangen? V muß – wie oben festgestellt – wegen § 275 I nicht an K leisten. Damit entfällt gemäß § 326 I 1 grds. sein Anspruch auf die Gegenleistung.

Ausnahmsweise bleibt der Anspruch auf Kaufpreiszahlung jedoch gemäß § 326 II 1 bestehen, wenn K für die Unmöglichkeit allein verantwortlich war. Laut Sachverhalt war K für den Unfall allein verantwortlich. Also behält V den Anspruch auf die Gegenleistung. Folglich kann V von K Kaufpreiszahlung fordern.

Beispiel 3: Wie Beispiel 1. Jedoch: Der Unfall ereignete sich zu einer Zeit, zu der K sich im Annahmeverzug befand. Kann V Kaufpreiszahlung gemäß § 433 II von K fordern?

<u>V könnte gegen K einen Anspruch auf Kaufpreiszahlung aus § 433 II haben.</u>

1) Anspruch entstanden? Ja, K und V haben einen wirksamen Kaufvertrag geschlossen.

2) Anspruch untergegangen? Der Schuldner V muss – wie oben festgestellt - wegen § 275 I nicht an K leisten. Also ist sein Anspruch auf die Gegenleistung gemäß § 326 I 1 grds. untergegangen. Ausnahmsweise bleibt der Anspruch auf Kaufpreiszahlung jedoch gemäß § 446 Satz 3 bestehen, wenn K sich zum Unfallzeitpunkt im *Annahmeverzug* befunden hat. Laut Sachverhalt befand K sich zum Unfallzeitpunkt im Annahmeverzug. Der Untergang war auch weder von K noch von V zu vertreten und somit *zufällig*. Also behält V wegen § 446 Satz 3 den Anspruch auf die Gegenleistung. Folglich kann V von K Kaufpreiszahlung fordern.

10

Beispiel 4: Wie Beispiel 1. Jedoch: V und K sind beide Autohändler. K wohnt in München, V in Köln. V und K vereinbaren auf Bitten des K, dass V den Golf mit einem Autotransporter von Köln nach München schicken soll. Auf der Fahrt wird der Golf bei einem Unfall zerstört. Kann V Kaufpreiszahlung gemäß § 433 II von K fordern?

<u>V könnte gegen K einen Anspruch auf Kaufpreiszahlung aus § 433 II haben.</u>

1) Anspruch entstanden? Ja, K und V haben einen wirksamen Kaufvertrag geschlossen.

2) Anspruch untergegangen? V muss – wie oben festgestellt - wegen § 275 I nicht an K leisten. Also ist sein Anspruch auf die Gegenleistung gemäß § 326 I 1 grds. untergegangen. Ausnahmsweise bleibt der Anspruch auf Kaufpreiszahlung jedoch gemäß § 447 I bestehen, wenn dessen Voraussetzungen gegeben sind:

a) V müsste den Golf *nach einem anderen Ort* als dem *Erfüllungsort* versandt haben. Erfüllungsort ist gemäß § 269 II grundsätzlich der Ort der Niederlassung des Schuldners, hier also Köln. Die Versendung erfolgte nach München und damit an einen anderen Ort als dem Erfüllungsort. Hinweis: Anders ist es, wenn eine *Bringschuld* vorliegt. Dann greift § 447 nicht ein!

b) K hat darum gebeten, ihm den Golf zuzuschicken. Die Versendung erfolgte somit *auf Verlangen* des K.

c) Nach dem Wortlaut des § 447 I ist weiterhin Voraussetzung, das der Verkäufer die Kaufsache dem Spediteur, Frachtführer oder einer sonst mit der Ausführung der Versendung bestimmten Person *übergibt*. Dies hat V getan.

d) Der Untergang war auch weder von K noch von V zu vertreten und somit *zufällig*.

e) Durch den Verkehrsunfall liegt auch die ungeschriebene *Voraussetzung der Realisation einer typischen Transportgefahr* vor.

f) Die Voraussetzungen des § 447 I liegen vor. Rechtsfolge des § 447 I ist, dass die Gefahr auf K übergegangen ist. Demnach ist der Kaufpreisanspruch nicht gemäß § 326 I 1 entfallen. Der V kann also von K Zahlung des Kaufpreises aus § 433 II verlangen.

Hinweis: Je nach Fallgestaltung ist hier eine Drittschadensliquidation möglich, vgl. dazu das Skript „Standardfälle Zivilrecht für Fortgeschrittene", Fall 3.

Beliebt ist in Klausuren auch der Fall, dass der Verkäufer den Kaufgegenstand durch **eigene Leute** transportieren lässt. Es stellt sich dann die Frage, ob § 447 I auch hier eingreift. Die h.M. bejaht dies, sofern die eigenen Leute kein Verschulden trifft. Handeln die eigenen Leute hingegen schuldhaft, findet eine Zurechnung über § 278 statt.

Beispiel 5: Wie Beispiel 4. Jedoch: Fahrer des Autotransporters ist der bei V angestellte A. Auf der Fahrt wird der Golf ohne Verschulden des A bei einem Unfall zerstört. Kann V Kaufpreiszahlung gemäß § 433 II von K fordern? Zu prüfen ist:

V könnte gegen K einen Anspruch auf Kaufpreiszahlung aus § 433 II haben.

1) Anspruch entstanden? Ja, K und V haben einen wirksamen Kaufvertrag geschlossen.

2) Anspruch untergegangen? Der Schuldner V muss – wie oben festgestellt - wegen § 275 I nicht an K leisten. Also ist sein Anspruch auf die Gegenleistung gemäß § 326 I 1 grds. untergegangen. Ausnahmsweise bleibt der Anspruch auf Kaufpreiszahlung jedoch gemäß § 447 I bestehen, wenn dessen Voraussetzungen gegeben sind:

a) V müsste den Golf *nach einem anderen Ort* als dem *Erfüllungsort* versandt haben. Erfüllungsort ist gemäß § 269 II grundsätzlich der Ort der Niederlassung des Schuldners, hier also Köln. Die Versendung erfolgte nach München und damit an einen anderen Ort als dem Erfüllungsort.

b) K hat darum gebeten, ihm den Golf zuzuschicken. Die Versendung erfolgte somit *auf Verlangen* des K.

c) Nach dem Wortlaut des § 447 I ist weiterhin Voraussetzung, dass der Verkäufer die Kaufsache dem Spediteur, Frachtführer oder einer sonst mit der Ausführung der Versendung bestimmten Person *übergibt*. V hat jedoch eine *firmeneigene Person* mit der Überbringung des Golfs betraut. Fraglich ist somit, ob § 447 auch in diesem Fall anwendbar ist. Der Transport gehört bei einem Versendungskauf jedoch nicht mehr zum Pflichtenkreis des Verkäufers. Der Verkäufer kann nicht schlechter stehen, nur weil er zusätzlich die Durchführung des Transportes übernimmt. Nach überwiegender Ansicht greift § 447 daher auch beim Transport durch firmeneigene Personen ein. Es schadet also nicht, dass V firmeneigenes Personal eingesetzt hat.

d) Der Untergang war auch weder von K noch von V zu vertreten und somit *zufällig*.

e) Durch den Verkehrsunfall liegt auch die ungeschriebene Voraussetzung *der Realisation einer typischen Transportgefahr* vor.

f) Die Voraussetzungen des § 447 liegen vor. Rechtsfolge des § 447 I ist, dass die Gefahr auf K übergegangen ist. Demnach ist der Kaufpreisanspruch nicht gemäß § 326 I 1 entfallen. Der V kann also von K Zahlung des Kaufpreises aus § 433 II verlangen.

Unbedingt merken sollte man sich, dass § 447 gemäß **§ 474 II keine Anwendung** findet, wenn ein Verbraucher von einem Unternehmer eine bewegliche Sache kauft, sog. *Verbrauchsgüterkauf*, vgl. § 474 I.

Beispiel 6: Wie Beispiel 1. Jedoch: V ist Autohändler, der K hingegen Beamter. K wohnt in München, V in Köln. V und K vereinbaren auf Bitten des K, dass V den Golf mit einem Autotransporter von Köln nach München schicken soll. Auf der Fahrt wird der Golf bei einem Unfall zerstört. Kann V Kaufpreiszahlung gemäß § 433 II von K fordern?

V könnte gegen K einen Anspruch auf Kaufpreiszahlung aus § 433 II haben.

1) Anspruch entstanden? Ja, K und V haben einen wirksamen Kaufvertrag geschlossen.

2) Anspruch untergegangen? Der Schuldner V muss – wie oben festgestellt - wegen § 275 I nicht an K leisten. Also ist sein Anspruch auf die Gegenleistung gemäß § 326 I 1 grds. untergegangen.

a) Ausnahmsweise bleibt der Anspruch auf Kaufpreiszahlung jedoch gemäß § 447 I bestehen, wenn dessen Voraussetzungen gegeben sind. § 447 ist gemäß § 474 II aber nicht anwendbar, wenn der V Unternehmer und der K Verbraucher war.

aa) *Verbraucher* ist gemäß **§ 13** jede natürliche Person, die ein Rechtsgeschäft zu einem Zweck abschließt, der weder ihrer gewerblichen noch ihrer selbständigen beruflichen Tätigkeit zugerechnet werden kann.

bb) *Unternehmer* ist nach **§ 14 I** eine natürliche oder juristische Person oder eine rechtsfähige Personengesellschaft, die bei Abschluss eines Rechtsgeschäfts in Ausübung ihrer gewerblichen oder selbständigen beruflichen Tätigkeit handelt.

Vorliegend war V Unternehmer. K handelte jedoch nicht in Ausübung einer gewerblichen oder selbständigen beruflichen Tätigkeit und war daher „Verbraucher" i.S.d. §§ 13, 474 I. Daher ist § 447 nicht anwendbar. Folglich bleibt der Kaufpreisanspruch nicht ausnahmsweise nach § 447 bestehen.

b) Der Kaufpreisanspruch bleibt auch unter den Voraussetzungen des § 446 ausnahmsweise bestehen. Da § 474 II den § 446 nicht nennt, ist § 446 auch anwendbar, wenn ein Verbraucher von einem Unternehmer kauft (Verbrauchsgüterkauf).

Nach § 446 Satz 1 geht die Gefahr grds. erst dann auf den Käufer über, wenn ihm die Sache *übergeben* worden ist, er also den *Besitz* daran erlangt hat. K hat aber vorliegend aufgrund des Unfalls den Besitz am Golf noch nicht erlangt. Demnach ist die Gefahr nicht auf ihn nach § 446 Satz 1 übergegangen. Also ist der Kaufpreisanspruch des V gemäß § 326 I 1 entfallen. Der V kann also von K keine Zahlung des Kaufpreises aus § 433 II verlangen.

In den vorangegangenen Beispielen ist die Unmöglichkeit stets dadurch zustande gekommen, dass der Golf bei einem Unfall *zerstört* wurde. Jedoch kann es dem Verkäufer auch aus ganz anderen Gründen unmöglich (§ 275) sein, seiner Pflicht aus § 433 I 1 nachzukommen.

Beispiel 7: V verkauft und übereignet dem gutgläubigen K einen Golf. K schließt seinerseits mit C einen Kaufvertrag über den Golf. Als K den Golf an C übereignen will, stellt sich heraus, dass der Wagen gestohlen war. – Hier ist K nicht in der Lage, dem C das Eigentum am Golf zu verschaffen. Wegen § 935 I kann C das Eigentum auch nicht gutgläubig erwerben.

Beispiel 8: V schließt mit K einen Kaufvertrag über einen Golf. Noch vor der Übereignung an K kommt der X zu V und bietet ihm für den Golf 1.000 Euro mehr als K. Daraufhin verkauft und übereignet der V den Golf an X. – Hier ist V wegen der Übereignung an X nicht mehr Eigentümer und kann den Golf daher nicht mehr an K übereignen.

Beispiel 9: V schließt mit K einen Kaufvertrag über einen Ring. Dieser versinkt aufgrund unglücklicher Umstände im Rhein. Die Kosten für die Bergung würden seinen Wert erheblich übersteigen. – Hier kann V die Erfüllung gemäß § 275 II verweigern.

Achten sollte man in der Klausur stets darauf, ob die Sache, um die es geht, eine Stück- oder eine Gattungsschuld ist. Eine **Gattungsschuld** liegt vor, wenn die Parteien den Kaufgegenstand nur nach *gleichartigen Merkmalen* bestimmen, die für eine Vielzahl gleichartiger Gegenstände zutreffen und die durch gemeinschaftliche Merkmale gekennzeichnet sind.

Beispiel 10: X bestellt einen Sessel aus dem IKEA-Katalog oder einen neuen Golf beim VW-Händler. Bäcker B bestellt 3 Zentner Weizen. Diese Güter sind Massengüter und existieren daher in großer Zahl. Demnach handelt es sich bei ihnen um eine *Gattungsschuld*. - Dagegen liegt eine *Stückschuld* vor, wenn ein ganz bestimmter, konkreter Gegenstand verkauft wird. Beispiel hierfür wäre der Kauf einer bestimmten, antiken Kommode aus einem Antiquitätengeschäft oder der Kauf eines gebrauchten Golfs. Diese Kommode bzw. diesen Golf gibt es nur einmal.

Wird eine Gattungssache zerstört, so ist der Verkäufer weiterhin in der Lage, aus der Gattung zu liefern. Daher ist es ihm trotz der Zerstörung möglich, seine Pflicht aus § 433 I 1 zu erfüllen.

Beispiel 11: Wird ein neuer IKEA-Sessel oder VW-Golf zerstört, kann der Verkäufer einen neuen Sessel bzw. Golf aus dem Lager anfordern. Also ist er weiterhin in der Lage, das Eigentum an einem Sessel bzw. Golf zu übertragen.

Unmöglichkeit tritt bei Gattungssachen grds. erst dann ein, wenn vor der Zerstörung die sog. *Konkretisierung* gemäß § 243 II erfolgt ist. Die Konkretisierung bewirkt, dass aus der Gattungsschuld eine Stückschuld wird. Dazu muss der Verkäufer das **seinerseits Erforderliche** gemäß § 243 II getan haben. Ob der Verkäufer das „seinerseits Erforderliche" getan hat, ist davon abhängig, ob es sich um eine Bring-, Schick- oder Holschuld gehandelt hat:

- Bei der **Holschuld** muss der Verkäufer die Sache nur zu dem vereinbarten Termin bereitstellen und den Käufer benachrichtigen. Der Käufer wiederum ist verpflichtet, die Sache abzuholen.

- Bei der **Bringschuld** muss der Verkäufer den Kaufgegenstand *aussondern* und ihn am Wohnsitz des Käufers (Gläubigers) anbieten. Der sog. *Leistungsort* ist bei der Bringschuld der Wohnsitz des Käufers.

- Bei der **Schickschuld** hingegen reicht es aus, wenn der Kaufgegenstand *ausgesondert* und einer Transportperson *übergeben* wird. Der *Leistungsort* ist bei der Schickschuld der Wohnsitz des Verkäufers (Schuldners).

Wurde zwischen dem Verkäufer und dem Käufer vereinbart, dass der Verkäufer die Sache auf seine Kosten zum Käufer senden soll, so könnte man an eine Bringschuld denken. Leistungsort ist jedoch gemäß **§ 269 I** grundsätzlich der **Wohnsitz** des Verkäufers. Gemäß **§ 269 III** kann aus der Vereinbarung, dass der Verkäufer die Kosten der Versendung übernimmt, auch nicht allein geschlossen werden, dass eine Bringschuld besteht. Im Zweifel ist auch hier der Sitz des Verkäufers der Leistungsort. Daher liegt hier häufig nicht eine Bring-, sondern eine Schickschuld vor. Bei der Schickschuld reicht es für die Konkretisierung (§ 243 II) aus, dass der Kaufgegenstand *ausgesondert* und einer Transportperson *übergeben* wird.

Beispiel 12: Wenn in Beispiel 11 vereinbart war, dass der Verkäufer den Sessel bzw. den Golf zum Käufer K senden sollte, so handelt es sich um eine Schickschuld. Konkretisierung (§ 243 II) tritt also mit der Übergabe an die Transportperson ein. Wird der Sessel bzw. der Golf während des Transports zerstört, so liegt Unmöglichkeit vor, weil der Verkäufer das Eigentum an diesem *konkreten* Golf bzw. Sessel nicht mehr übertragen kann. Folge: Der Käufer kann wegen § 275 I nicht mehr Lieferung eines Golfs bzw. Sessels gemäß § 433 I 1 verlangen. Der Verkäufer jedoch kann vom Käufer gemäß § 433 II wegen § 447 Zahlung des Kaufpreises verlangen, wenn der Käufer Unternehmer (§ 14) war. Von einem Verbraucher (§ 13) kann der Verkäufer hingegen nicht Kaufpreiszahlung verlangen, weil § 447 wegen § 474 II auf einen Verbrauchsgüterkauf nicht anwendbar ist.

Welche Rechte hat nun ein Käufer, dessen Übereignungsanspruch aus § 433 I 1 unmöglich durch Leistung erfüllt werden kann (§ 275), gegen den Verkäufer? Nun, der Käufer kann unter bestimmten Voraussetzungen gemäß **§ 275 IV** insbesondere

- vom Verkäufer Schadensersatz fordern

- vom Vertrag zurücktreten.

Wie sich aus § 325 ergibt, wird dabei das Recht, Schadensersatz zu verlangen, durch den Rücktritt nicht ausgeschlossen.

Macht der Käufer einen **Schadensersatzanspruch** geltend, so ist zu überlegen, welches die passende Anspruchsgrundlage ist. Die Anspruchsgrundlage hängt davon ab, ob die Unmöglichkeit schon *bei* oder erst *nach* Vertragsschluss bestanden hat:

- Anfängliche Unmöglichkeit: § 311a II 1
- Nachträgliche Unmöglichkeit: §§ 280 I, III, 283

Beispiel 13: V stiehlt einen Golf und verkauft ihn dem K. Oder: V schließt mit K einen Kaufvertrag über seinen Golf. Kurz vorher hat V ihn aber schon an den X verkauft und übereignet. – Hier liegt die Unmöglichkeit (fehlendes Eigentum des V) in beiden Fällen schon zum Zeitpunkt des Vertragsabschlusses mit K vor. In beiden Fällen ist also *anfängliche* Unmöglichkeit gegeben. Anspruchsgrundlage für den Schadensersatzanspruch des K gegen V ist also § 311a II 1.

Beispiel 14: V schließt mit K einen Kaufvertrag. Der Wagen wird dem K aber noch nicht übergeben. Auf der Fahrt zu K verursacht V dann einen schweren Unfall. Dabei wird der Wagen völlig zerstört. Oder: V schließt mit K einen Kaufvertrag über seinen Golf. Danach verkauft und übereignet der V ihn an den X. – Hier tritt die Unmöglichkeit (der Wagen ist zerstört bzw. im Eigentum des X) erst *nach* dem Vertragsabschluss ein. Anspruchsgrundlage für den Schadensersatzanspruch des K gegen V sind also die §§ 280 I, III, 283.

Das **Rücktrittsrecht** des Käufers im Falle der Unmöglichkeit ergibt sich aus § 326 V. Nach dieser Vorschrift findet § 323 mit der Maßgabe entsprechende Anwendung, dass die Fristsetzung entbehrlich ist. Der Käufer kann also direkt (ohne Fristsetzung) vom Kaufvertrag zurücktreten.

B. Die Mangelhaftigkeit

Nun geht es um die Fälle, in denen der Verkäufer dem Käufer die Sache gemäß seiner Pflicht aus § 433 I 1 übergibt und das Eigentum daran verschafft. Der Käufer kann die Sache also „mit nach Hause nehmen". Jedoch zeigt sich nach einiger Zeit, dass mit der Sache irgendetwas nicht in Ordnung, sie also mit *Mängeln* behaftet ist.

In den bisherigen Beispielen handelte es sich bei der verkauften Sache um einen Golf bzw. einen Sessel, also um eine bewegliche Sache. Gegenstand eines Kaufvertrages können jedoch auch ganz andere Dinge sein, z.b. Grundstücke, Tiere (§ 90 a), Rechte (z.b. Forderungen, Patente, Markenrechte) und *Standardsoftware* (z.b. Windows Vista, Microsoft Word). Denn gemäß § 453 I finden die Vorschriften über den Kauf von Sachen auf den Kauf von Rechten und *sonstigen Gegenständen* (z.b. Software und technisches Know-how) entsprechende Anwendung.

Achtung: Wurde Software *individuell* zugeschnitten bzw. programmiert, so ist nicht das Kauf-, sondern das *Werkvertragsrecht* anzuwenden!

Welche Rechte hat nun der Käufer, wenn die Sache mangelhaft ist? Gemäß **§ 437** kann der Käufer

- nach § 439 **Nacherfüllung** verlangen,

- nach den §§ 440, 323 und 326 Abs. 5 von dem Vertrag **zurücktreten** oder nach § 441 den Kaufpreis **mindern** und

- nach den §§ 440, 280, 281, 283 und 311a **Schadensersatz** oder nach § 284 Ersatz vergeblicher **Aufwendungen** verlangen.

I. Der Sachmangel

Voraussetzung für diese Rechte ist stets, dass die gekaufte Sache *mangelhaft* ist. Wann ein *Sachmangel* vorliegt, ergibt sich aus § 434. § 434 unterscheidet zwischen der

1. Beschaffenheitsabweichung, § 434 I
2. fehlerhaften Montage, § 434 II
3. Falsch- bzw. Zuweniglieferung, § 434 III.

1. Ob eine **Beschaffenheitsabweichung** gemäß § 434 I vorliegt, ist stets nach folgendem Schema zu prüfen:

Haben die Parteien eine *Vereinbarung* darüber getroffen, wie die Sache beschaffen sein soll? Falls ja: Liegt eine für den Käufer nachteilige Abweichung der Ist-Beschaffenheit von der vereinbarten Soll-Beschaffenheit vor? Falls ja: Ein Sachmangel gemäß § 434 I 1 ist gegeben!

Falls die Beschaffenheit nicht vereinbart ist: Eignet sich die Sache für die *nach dem Vertrag vorausgesetzte* Verwendung? Falls nein: Ein Sachmangel gemäß § 434 I 2 Nr. 1 ist gegeben!

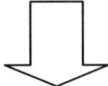

Falls sich die Sache für die nach dem Vertrag vorausgesetzte Verwendung eignet: Eignet sie sich auch *für die gewöhnliche Verwendung* und weist eine Beschaffenheit auf, die bei Sachen der gleichen Art *üblich* ist und die der Käufer nach der Art der Sache *erwarten* kann? Falls nein: Ein Sachmangel gemäß § 434 I 2 Nr. 2 ist gegeben!

Beispiel 15: V verkauft und übereignet an K eine neue Waschmaschine. Beide hatten vereinbart, dass es sich um eine Maschine handeln soll, die mit 1400 Umdrehungen schleudert. Die Maschine schafft aber maximal 900 Umdrehungen. – Hier liegt eine für den Käufer nachteilige Abweichung der Ist- von der *vereinbarten* Soll-Beschaffenheit vor. Ein Sachmangel gemäß § 434 I 1 ist also gegeben.

Beispiel 16: V verkauft und übereignet an K eine neue Waschmaschine. Die Maschine schleudert überhaupt nicht. – Eine *ausdrückliche* Vereinbarung, dass die Maschine schleudert, ist nicht gegeben. Bei einer *neuen* Waschmaschine ist aber davon auszugehen, dass die volle Funktionsfähigkeit zumindest *stillschweigend vereinbart* worden ist.

Daher liegt eine für den Käufer K nachteilige Abweichung der Ist- von der vereinbarten Soll-Beschaffenheit vor. Ein Sachmangel gemäß § 434 I 1 ist also gegeben.

Beispiel 17: V verkauft und übereignet an K eine neue Waschmaschine. K will diese in seinem Waschsalon aufstellen. V und K gehen im Vorfeld des Vertrags beide davon aus, dass die Maschine hierfür geeignet ist. Nachdem die Maschine geliefert worden ist, liest K in der Bedienungsanleitung, dass die Maschine nur für den privaten Gebrauch, nicht jedoch für den gewerblichen Dauereinsatz konstruiert ist. – Hier ist die Maschine nicht für die *nach dem Vertrag vorausgesetzte* Verwendung geeignet. Ein Sachmangel gemäß § 434 I 2 Nr. 1 liegt vor.

Beispiel 18: V verkauft und übereignet an K eine zwei Jahre alte, gebrauchte Waschmaschine. Wegen „Ermüdungserscheinungen" schleudert diese aber nur noch mit 300 statt 1200 Umdrehungen pro Minute. Die Wäsche ist daher nach dem Waschen immer tropfnass. – Eine *Vereinbarung* gemäß § 434 I 1 bezüglich der Anzahl der Umdrehungen haben V und K nicht getroffen. Auch wurde keine *bestimmte Verwendung* gemäß § 434 I 2 Nr. 1 nach dem Vertrag vorausgesetzt. Jedoch eignet sich die Maschine nicht für die *gewöhnliche Verwendung* und weist auch nicht eine Beschaffenheit auf, die bei Sachen der gleichen Art *üblich* ist und die der Käufer nach der Art der Sache *erwarten* kann. Ein Sachmangel gemäß § 434 I 2 Nr. 2 liegt vor.

Gemäß § 434 I 3 gehören zu der Beschaffenheit nach Satz 2 Nr. 2 auch Eigenschaften, die der Käufer nach den öffentlichen Äußerungen des Verkäufers, des Herstellers (§ 4 Abs. 1 und 2 des ProdHaftG) oder seines Gehilfen insbesondere in der Werbung oder bei der Kennzeichnung über bestimmte Eigenschaften der Sache erwarten kann.

Beispiel 19: V verkauft und übereignet an K eine neue Waschmaschine. In dem Prospekt des Herstellers H stand, dass diese mit bis zu 1400 Umdrehungen schleudert. Die Maschine schafft aber maximal 600 Umdrehungen. – Hier liegt keine Vereinbarung zwischen V und K bezüglich der maximalen Umdrehungszahl vor. Ein Sachmangel gemäß § 434 I 1 ist also nicht gegeben. Auch eignet sich die Maschine gemäß § 434 I 2 Nr. 1 für die nach dem Vertrag vorausgesetzte Verwendung. Sie weist jedoch nicht die *üblichen Eigenschaften* auf, die K nach dem Prospekt des H, das gemäß § 434 I 3 mit einzubeziehen ist, erwarten konnte. Ein Sachmangel gemäß § 434 I 2 Nr. 2 i.V.m. Satz 3 liegt vor. Ähnlich liegt der Fall, wenn z.B. ein neuer PKW mehr Benzin verbraucht als der Hersteller in seinem Prospekt angegeben hatte.

§ 434 I 3 greift allerdings nicht ein, wenn der Verkäufer die Äußerung *nicht kannte* und auch *nicht kennen musste*, wenn sie im Zeitpunkt des Vertragsschlusses in gleichwertiger Weise *berichtigt* war oder wenn sie die *Kaufentscheidung nicht beeinflussen konnte*.

Beispiel 20: In Beispiel 19 hatte V weder Kenntnis noch fahrlässige Unkenntnis von den im Prospekt angegebenen 1400 Umdrehungen. Oder: H hatte seine Aussage im Prospekt lange vor dem Vertragsschluss des V mit K berichtigt. Oder: Die Anzahl der Umdrehungen war für die Kaufentscheidung des K völlig unwichtig. In diesen Fällen greift § 434 I 3 nicht ein.

Wurde ein Sachmangel bejaht, so ist als nächstes zu prüfen, ob dieser bereits **bei Gefahrübergang** (vgl. § 434 I 1) vorgelegen hat. Wann die Gefahr vom Verkäufer auf den Käufer übergeht, ist in § 446 und in § 447 geregelt:

- Grds. geht die Gefahr vom Verkäufer auf den Käufer über, sobald die Sache dem Käufer **übergeben** wird, § 446 S. 1.

- Die Gefahr geht aber auch dann auf den Käufer über, sobald dieser sich im **Annahmeverzug** befindet, § 446 S. 3.

- Liegen die Voraussetzungen eines Versendungskaufs vor, so geht die Gefahr gemäß § 447 I auf den Käufer über, sobald der Verkäufer die Sache dem Spediteur, dem Frachtführer oder der sonst zur Ausführung der Versendung bestimmten Person oder Anstalt **ausgeliefert** hat.

Sinn und Zweck dieser Regelung ist, dass der Verkäufer nicht unbegrenzt für alle Mängel einstehen muss, die im Laufe der Zeit entstehen.

Beispiel 21: Der V liefert dem K eine gebrauchte, einwandfreie Maschine. Ein Defekt entsteht erst 5 Monate später. Kann K Rechte aus § 437 geltend machen?

Lösung: Ein wirksamer Kaufvertrag wurde zwischen V und K geschlossen. Es kann zwar ein Sachmangel gemäß § 434 I 2 Nr. 2 bejaht werden. Dieser war aber zu dem Zeitpunkt, als dem K die Maschine übergeben wurde, mithin zum Zeitpunkt des Gefahrübergangs (§ 446 S. 1), noch nicht vorhanden. Also lag der Mangel nicht „bei Gefahrübergang" vor. K hat also gegen V keine Rechte aus § 437.

Beispiel 22: K holt nicht wie vereinbart die Maschine bei V ab. Dadurch gerät K in Annahmeverzug gemäß §§ 293 ff. Kurz danach tritt der X versehentlich gegen die Maschine. Daraufhin schleudert sie nur noch mit 300 Umdrehungen pro Minute. Kann K die Rechte aus § 437 geltend machen?

Lösung: Hier leidet die Maschine zwar unter einem Sachmangel gemäß § 434 I 2 Nr. 2. Dieser war aber zu dem Zeitpunkt, als K in Annahmeverzug geriet, mithin zum Zeitpunkt des Gefahrübergangs (§ 446 S. 3), noch nicht vorhanden. Also lag der Mangel nicht „bei Gefahrübergang" vor. K hat also gegen V keine Rechte aus § 437.

Beispiel 23: Es wird vereinbart, dass Großhändler V dem Händler K die Maschine schickt. Während des Transports wird die Maschine beschädigt. Daraufhin schleudert sie nur noch mit 300 Umdrehungen pro Minute. Kann K Rechte aus § 437 geltend machen?

Lösung: Hier leidet die Maschine zwar unter einem Sachmangel gemäß § 434 I 2 Nr. 2. Dieser war aber zu dem Zeitpunkt, als V die Maschine an die Transportperson übergab, mithin zum Zeitpunkt des Gefahrübergangs (§ 447 I), noch nicht vorhanden. Also lag der Mangel nicht „bei Gefahrübergang" vor. K hat also gegen V keine Rechte aus § 437.

Beispiel 24: Es wird vereinbart, dass Großhändler V dem *Privatmann* K die Maschine schickt. Während des Transports wird die Maschine beschädigt. Daraufhin schleudert sie nur noch mit 300 Umdrehungen pro Minute. Kann K Rechte aus § 437 geltend machen?

Lösung: Hier leidet die Maschine unter einem Sachmangel gemäß § 434 I 2 Nr. 2. Dieser müsste schon zum Zeitpunkt des Gefahrübergangs vorhanden gewesen sein. Anders als in *Beispiel 23* kommt ein Gefahrübergang wegen Versendungskaufs gemäß § 447 hier nicht in Betracht, weil § 447 gemäß § 474 II bei einem Verbrauchsgüterkauf („Kauft ein Verbraucher von einem Unternehmer...", § 474 I, s.u.) nicht anwendbar ist. Anwendbar ist jedoch § 446. Nach § 446 S. 1 geht die Gefahr erst mit der Übergabe der Sache auf den Käufer über. Als die Maschine an K übergeben wurde, war sie bereits mangelhaft. Also lag der Mangel schon „bei Gefahrübergang" vor. K hat also gegen V die Rechte aus § 437.

Wenn die gekaufte Sache nach einigen Wochen oder Monaten nicht mehr einwandfrei funktioniert, so ist oft zweifelhaft, ob der Verkäufer dem Käufer bereits eine mangelhafte Sache übergeben hat oder ob die Sache zur Zeit der Übergabe (= Gefahrübergang) mangelfrei war, der Mangel mithin erst später beim Käufer aufgetreten ist.

Grundsätzlich muss der Käufer (z.B. mit Hilfe von Sachverständigen) beweisen, dass die Sache schon bei der Übergabe mangelhaft war. Da viele *Verbraucher* so oft nicht zu ihrem Recht kämen, enthält **§ 476** eine sog. *Beweislastumkehr:* Der Verbraucher muss also nicht beweisen, dass der Verkäufer ihm eine mangelhafte Sache übergeben hat. Vielmehr wird grds. *vermutet*, dass die Sache bereits bei Gefahrübergang mangelhaft war, wenn sich der Mangel innerhalb von **sechs Monaten** seit Gefahrübergang zeigt.

Hinweis: Die Vermutungsregel ersetzt in der Klausur nicht die entsprechenden Angaben im Sachverhalt!

Beispiel 25: Privatmann K kauft von Autohändler V einen Neuwagen. 5 Monate später streikt das Getriebe. K beruft sich gegenüber V auf seine Rechte aus § 437 BGB. Zu Recht?

Lösung: Ein wirksamer Kaufvertrag wurde zwischen V und K geschlossen. § 437 setzt einen Sachmangel gemäß § 434 voraus. Der Wagen leidet unter einem Sachmangel gemäß § 434 I 1, da bei einem Neuwagen die volle Funktionsfähigkeit zumindest *stillschweigend vereinbart* worden ist. Der Mangel müsste bereits bei Gefahrübergang vorgelegen haben. Gemäß § 476 wird bei einem *Verbrauchsgüterkauf*, d.h. bei einem Kaufvertrag zwischen einem Unternehmer und einem Verbraucher (§ 474 I) grundsätzlich vermutet, dass die (bewegliche!) Sache bereits *bei Gefahrübergang mangelhaft* war, wenn sich der Mangel innerhalb von 6 Monaten seit Gefahrübergang zeigt.
Verbraucher ist gemäß § 13 jede natürliche Person, die ein Rechtsgeschäft zu einem Zweck abschließt, der weder ihrer gewerblichen noch ihrer selbständigen beruflichen Tätigkeit zugerechnet werden kann.
Unternehmer ist nach § 14 I eine natürliche oder juristische Person oder eine rechtsfähige Personengesellschaft, die bei Abschluss eines Rechtsgeschäfts in Ausübung ihrer gewerblichen oder selbständigen beruflichen Tätigkeit handelt. Vorliegend hat der Verbraucher K den Wagen von einem Unternehmer, dem V, gekauft. Ein Verbrauchsgüterkauf lag somit vor.

Seit der Übergabe des Wagens waren weniger als *6 Monate* verstrichen, so dass die Vermutung des § 476 eingreift. Es wird also gemäß § 476 vermutet, dass der Wagen schon beim Gefahrübergang (bei Übergabe, § 446 S.1) mangelhaft war. K hat also die Rechte aus § 437.

§ 476 greift nach seinem Wortlaut nicht ein, *wenn die Vermutung mit der Art der Sache oder des Mangels unvereinbar ist.* Insbesondere bei *gebrauchten Sachen* kann § 476 daher ausnahmsweise unanwendbar sein. § 476 gilt wegen § 474 I außerdem dann nicht, wenn ein *Unternehmer* (§ 14) von einem *Unternehmer* eine bewegliche Sache kauft. Dann liegt nämlich kein Verbrauchsgüterkauf (§ 474 I) vor.

2. Gemäß **§ 434 II 1** ist ein Sachmangel auch dann gegeben, wenn die vereinbarte *Montage* durch den Verkäufer oder dessen Erfüllungsgehilfen *unsachgemäß* durchgeführt worden ist.

Beispiel 26: Händler V liefert dem K eine Waschmaschine. Ausgeliefert und aufgestellt wird die Maschine vom Arbeiter D. D schließt jedoch die Maschine falsch an. Folge: Wasser dringt ein, die Maschine wird beschädigt. Hat K gegen V die Rechte aus § 437?

Lösung: Ein wirksamer Kaufvertrag wurde zwischen K und V geschlossen. § 437 setzt einen Sachmangel gemäß § 434 voraus. Ein Sachmangel ist gemäß § 434 II 1 auch dann gegeben, wenn die vereinbarte Montage durch den Erfüllungsgehilfen des Verkäufers unsachgemäß durchgeführt worden ist. D wurde mit *Wissen und Wollen* des Verkäufers V für diesen *in dessen Pflichtenkreis* tätig und war daher gemäß § 278 S. 1 Erfüllungsgehilfe. D hat die Maschine falsch angeschlossen. Ein Sachmangel gemäß § 434 II 1 ist gegeben. K hat also die Rechte aus § 437.

Ein Sachmangel liegt bei einer zur Montage bestimmten Sache ferner vor, wenn die *Montageanleitung mangelhaft* ist, es sei denn, die Sache ist *fehlerfrei* montiert worden, **§ 434 II 2.**

Beispiel 27: K kauft im Baumarkt ein Holzregal. Obwohl die Montageanleitung in schwedischer Sprache verfasst und für K damit unbrauchbar ist, gelingt es ihm, das Regal fehlerfrei aufzubauen. Liegt ein Fehler gemäß § 434 II 2 vor?

Lösung: Die fehlerhafte Aufbauanleitung stellt zwar grundsätzlich einen Mangel dar (sog. „IKEA-Klausel"). Ein Mangel i.S.d. § 434 II 2 liegt aber regelmäßig nicht vor, wenn der Kaufgegenstand *fehlerfrei* montiert wurde. K hat das Regal fehlerfrei aufgebaut. Ein Mangel wegen fehlerhafter Montageanleitung scheidet also aus.

Beispiel 28: K kauft im Baumarkt einen Videorekorder. Da die Bedienungsanleitung in schwedischer Sprache verfasst und für K damit unbrauchbar ist, gelingt es ihm nicht, den Rekorder in Betrieb zu nehmen. Liegt ein Sachmangel gemäß § 434 vor?

Lösung: Fehlerhafte *Bedienungs*anleitungen werden von § 434 II 2 nicht erfasst. Zur Bejahung eines Sachmangels könnte man nur dann kommen, wenn man auf den Videorekorder abstellt. Dieser ist für den K ohne Bedienungsanleitung nicht nutzbar. Damit eignet er sich gemäß § 434 I 2 Nr. 2 nicht für die gewöhnliche Verwendung und weist nicht eine Beschaffenheit auf, die bei Sachen der gleichen Art üblich ist und die der Käufer nach der Art der Sache erwarten kann.

3. Gemäß **§ 434 III** steht es einem Sachmangel gleich, wenn der Verkäufer eine andere Sache (sog. *aliud)* oder eine zu geringe Menge liefert.

Beispiel 29: K kauft und bezahlt in der Buchhandlung das Skript „Standardfälle Zivilrecht für *Anfänger*". Buchhändler V liefert ihm jedoch das Skript „Standardfälle Zivilrecht für *Fortgeschrittene*". – Hier liegt eine Falschlieferung vor, die gemäß § 434 III einen Sachmangel darstellt.

II. Ausschluss der Gewährleistung

Auch dann, wenn ein Sachmangel i.S.d. § 434 vorliegt, kann es vorkommen, dass der Käufer trotzdem nicht die Rechte aus § 437 geltend machen kann. Grund: Die Rechte aus § 437 können ausgeschlossen sein

1. durch eine vertragliche Vereinbarung
2. durch das Gesetz.

1. Der vertragliche Ausschluss

Insbesondere bei gebrauchten Sachen besteht eine erhöhte Wahrscheinlichkeit, dass Tage, Wochen oder Monate nach der Übergabe ein Mangel auftritt. Der Käufer wird dann häufig behaupten, dass dieser Mangel schon bei der Übergabe bestanden habe und den Verkäufer unter Umständen verklagen. Der Verkäufer hat jedoch ein Interesse daran, dass er sich nicht Wochen oder Monate später mit dem Käufer auseinandersetzen muss. Oft will er nach der Übergabe der verkauften Sache mit dem Käufer nichts mehr zu tun haben, sondern alles, was mit dem Verkauf zu tun hat, ein für allemal abschließen. Daher vereinbart der Verkäufer mit dem Käufer im Kaufvertrag häufig den Ausschluss der Gewährleistung. Da die §§ 437 ff. grundsätzlich abdingbar sind, führt dies dazu, dass der Käufer bei späterem Auftreten eines Sachmangels keine Rechte gegenüber dem Verkäufer hat.

Der Käufer hat die Rechte aus § 437 jedoch dann wieder, wenn der Ausschluss der Gewährleistung *unwirksam* war. Damit der Käufer nicht „über den Tisch gezogen" wird, hat der Gesetzgeber festgelegt, dass der Ausschluss der Gewährleistung unter bestimmten Voraussetzungen unwirksam ist. Wurde die Gewährleistung ausgeschlossen, sind stets folgende Vorschriften zu prüfen:

- **§ 444: Unwirksamkeit wegen Arglist oder Garantie**

- **§ 475 I, III: Unwirksamkeit wegen Verbrauchsgüterkauf**

- **§ 309 Nr. 8 b) aa): Unwirksamkeit wegen unzulässiger AGB.**

Beispiel 30: Privatmann V verkauft dem K zu einem günstigen Preis seinen zwei Jahre alten VW Passat. V will den Passat nur deshalb „loswerden", weil bei diesem gelegentlich während der Fahrt im Leerlauf plötzlich der Motor ausgeht und die VW-Werkstatt nicht in der Lage war, dieses Problem zu beheben. Das verschweigt V aber dem K. K bemerkt zwei Tage nach Übergabe, dass der Motor beim Heranrollen an eine Ampel plötzlich ausgeht. Er beruft sich gegenüber V auf seine Rechte aus § 437. V verweist auf den geschlossenen Kaufvertrag. Darin steht: „Der Wagen ist probegefahren und wird gekauft wie besichtigt. Jegliche Gewährleistung ist ausgeschlossen". Hat K die Rechte aus § 437?

K könnte gegen V die Rechte aus § 437 haben.

1. Ein wirksamer *Kaufvertrag* wurde zwischen V und K geschlossen.

2. § 437 setzt zunächst einen *Sachmangel* gemäß § 434 voraus. Ein Sachmangel gemäß § 434 I 1 scheidet mangels Vereinbarung aus. Auch wurde keine bestimmte Verwendung gemäß § 434 I 2 Nr. 1 vorausgesetzt. Ein Sachmangel liegt aber gemäß § 434 I 2 Nr. 2 vor, wenn der Wagen sich nicht für die *gewöhnliche Verwendung* eignet und nicht eine Beschaffenheit aufweist, die bei Sachen der gleichen Art *üblich* ist und die der Käufer nach der Art der Sache *erwarten* kann. Bei einem zwei Jahre alten Passat muss zwar bereits mit geringen Verschleißerscheinungen gerechnet werden. Unüblich ist jedoch, dass bei einem zwei Jahre alten Passat plötzlich der Motor ausgeht. Da dann auch die Servolenkung und –Bremse nicht mehr funktioniert, eignet sich der Wagen ferner nicht für die gewöhnliche Verwendung. Ein Sachmangel gemäß § 434 I 2 Nr. 2 ist gegeben. Dieser lag schon bei Gefahrübergang (§ 446 S. 1) vor.

3. Die Gewährleistung könnte jedoch durch die vertragliche Vereinbarung ausgeschlossen sein. V kann sich auf den Gewährleistungsausschluss gemäß § 444 aber nicht berufen, wenn er den Mangel *arglistig verschwiegen* hat.

Ein **arglistiges Verschweigen** ist gegeben, wenn der Verkäufer den Mangel kennt oder mit ihm rechnet und ihm bewusst ist, dass der Käufer den Kaufvertrag bei Kenntnis des Mangels gar nicht oder zu anderen Bedingungen (geringerer Kaufpreis etc.) geschlossen hätte. Der Verkäufer nutzt also die Unkenntnis des Käufers bewusst aus.

Vorliegend hat V den K absichtlich nicht über das „Ausgehen" des Motors informiert, weil er wusste, dass K den Passat sonst möglicherweise nicht gekauft hätte. V hat daher den Mangel arglistig verschwiegen. Daher kann er sich auf den Gewährleistungsausschluss nicht berufen. Also stehen dem K die Rechte aus § 437 grds. zu. Zu den speziellen Voraussetzungen dieser Rechte s. S. 31 ff.

Beispiel 31: Privatmann V verkauft dem K seinen Rallye-Golf. K nimmt den Wagen erst, nachdem V ihm zugesichert hat, dass der Wagen alle technischen Voraussetzungen zur Rallye-Teilnahme erfülle und er dafür gerade stehen wolle. Die Gewährleistung wird im Kaufvertrag ausgeschlossen. Kann K die Rechte aus § 437 geltend machen, wenn sich nach Übergabe herausstellt, dass der Wagen nicht rallye-tauglich ist?

Lösung: Ein wirksamer Kaufvertrag wurde zwischen V und K geschlossen. Ein Sachmangel zur Zeit des Gefahrübergangs gemäß § 434 I 1 liegt vor. Jedoch wurde die Gewährleistung ausgeschlossen. Der V kann sich aber auf den Gewährleistungsausschluss gemäß § 444 nicht berufen, wenn er eine Garantie für die Beschaffenheit des Golfs übernommen hat. Eine solche **Garantie** liegt nur dann vor, wenn der Verkäufer und der Käufer vereinbaren, dass die Sache bei Gefahrübergang eine bestimmte Eigenschaft besitzen soll und der Verkäufer erklärt, für alle Folgen ihres Fehlens unabhängig vom eigenen Verschulden einstehen zu wollen. Eine solche Vereinbarung haben V und K getroffen. Also kann V sich gemäß § 444 nicht auf den Ausschluss der Gewährleistung berufen. K kann demnach die Rechte aus § 437 grds. geltend machen. Zu den speziellen Voraussetzungen dieser Rechte s. S. 31 ff.

Beispiel 32: Wie Bsp. 30. Jedoch: Autohändler V verkauft dem Privatmann K unter Ausschluss der Gewährleistung den Passat. Zwei Tage später entdeckt K, dass der Motor gelegentlich ausgeht. Hat K die Rechte aus § 437?

K könnte gegen V die Rechte aus § 437 haben.

1. Ein wirksamer *Kaufvertrag* wurde zwischen V und K geschlossen.

2. Der Passat leidet unter einem *Sachmangel* gemäß § 434 I 2 Nr. 2. Gemäß § 476 wird grds. vermutet, dass der Passat bereits bei Gefahrübergang mangelhaft war. Ist § 476 überhaupt anwendbar? § 476 findet gemäß § 474 I S. 1 Anwendung, wenn ein Verbraucher von einem Unternehmer eine bewegliche Sache kauft. V war Unternehmer (§ 14), der K Verbraucher (§ 13), der Passat eine bewegliche Sache. Ein Verbrauchsgüterkauf liegt vor, § 476 ist anwendbar. Der Mangel muss gemäß § 476 innerhalb von 6 Monaten aufgetreten sein. Das ist der Fall.

3. K hat die Rechte aus § 437 jedoch nur dann, wenn der *Ausschluss der Gewährleistung* durch V unwirksam war. Gemäß **§ 475 I** können die Rechte des Käufers aus §§ 433 bis 435, 437, 439 bis 443 nicht zum Nachteil des Käufers abbedungen werden. Eine Ausnahme gilt gemäß § 475 III für den Schadensersatzanspruch gemäß § 437 Nr. 3. Dieser kann also grds. ausgeschlossen werden. Ist § 475 überhaupt anwendbar? § 475 findet gemäß § 474 I Anwendung, wenn ein Verbraucher von einem Unternehmer eine bewegliche Sache kauft. Diese Voraussetzungen wurden unter 2. schon bejaht.

Fazit: V konnte die Rechte aus § 437 wegen § 475 I nicht wirksam ausschließen. Also hat K gegen V grds. die Rechte aus § 437. Zu den speziellen Voraussetzungen der einzelnen Rechte siehe S. 31 ff.

Beispiel 33: Wie Bsp. 30. V verwendet für den Kaufvertrag einen Vordruck, den er im Schreibwarenladen gekauft hat. Im „Kleingedruckten" auf der Rückseite des Formulars steht: „Jegliche Gewährleistung ist ausgeschlossen". V weist Privatmann K auf das Kleingedruckte hin. K ist einverstanden. Hat K die Rechte aus § 437?

<u>K könnte gegen V die Rechte aus § 437 haben.</u>

1. Ein wirksamer *Kaufvertrag* zwischen V und K liegt vor.

2. Ein *Sachmangel* gemäß § 434 I 2 Nr. 2 ist gegeben. Dieser bestand auch zur Zeit des Gefahrübergangs (§ 446 S. 1).

3. K hat die Rechte aus § 437 jedoch nur dann, wenn der *Ausschluss der Gewährleistung* durch V unwirksam war. Die Unwirksamkeit könnte sich aus § 309 Nr. 8 b) aa) ergeben. Bevor § 309 geprüft wird, muss zunächst festgestellt werden, ob es sich bei der Klausel überhaupt um eine „Allgemeine Geschäftsbedingung" handelt und ob diese wirksam in den Vertrag einbezogen wurde:

a) „Allgemeine Geschäftsbedingungen" sind gemäß **§ 305 I** alle für eine Vielzahl von Verträgen vorformulierten Vertragsbedingungen, die eine Vertragspartei (Verwender) der anderen Vertragspartei bei Abschluss eines Vertrags stellt. Der V hat hier ein Formular verwendet, das für eine Vielzahl von Fällen vorformuliert war. Er hat diese Bedingungen auch nicht mit K ausgehandelt, sondern sie ihm einseitig „gestellt". Allgemeine Geschäftsbedingungen liegen also vor.

b) Die AGB des V sind gemäß **§ 305 II** *wirksam in den Vertrag einbezogen* worden, weil V auf sie hingewiesen, K die Möglichkeit der Kenntnisnahme sowie sein Einverständnis geäußert hatte.

c) Ergebnis: „Allgemeine Geschäftsbedingungen" liegen also vor. Diese wurden auch wirksam in den Vertrag einbezogen.

d) Sind die Voraussetzungen des **§ 309 Nr. 8 b) aa)** gegeben? Nach dieser Vorschrift darf der Verwender (Verkäufer) die Ansprüche aus § 437 grundsätzlich nicht ausschließen. § 309 Nr. 8 b) bezieht sich aber nur auf Verträge über Lieferungen *neu hergestellter Sachen*. Vorliegend war der Passat jedoch gebraucht. § 309 Nr. 8b) aa) ist daher nicht anwendbar.

e) Sofern § 309 nicht eingreift, ist § 308 zu prüfen. Greift auch dieser nicht ein, ist § 307 zu prüfen (zuerst die Regelbeispiele des § 307 II, dann die Generalklausel des § 307 I 1). Da § 308 keine einschlägige Vorschrift enthält, kommt § 307 zum Zuge. § 307 I 1 besagt, dass Bestimmungen in Allgemeinen Geschäftsbedingungen unwirksam sind, wenn sie den

Vertragspartner des Verwenders entgegen den Geboten von Treu und Glauben unangemessen benachteiligen. Eine unangemessene Benachteiligung gemäß § 307 II oder § 307 I 1 ist hier aber nicht ersichtlich. Demnach ist der Ausschluss der Gewährleistung wirksam.

Hinweis: Bei § 307 kommt es in der Klausur weniger auf das Ergebnis an. Viel wichtiger ist die eigene Argumentation!

f) Ergebnis: K hat gegen V nicht die Rechte aus § 437, weil die Gewährleistung wirksam ausgeschlossen worden ist.

Beispiel 34: Autohändler V verkauft dem Autohändler K unter Ausschluss der Gewährleistung einen *neuen* Passat. V verwendet für den Kaufvertrag einen Vordruck, den er im Schreibwarenladen gekauft hat. Im „Kleingedruckten" auf der Rückseite des Formulars steht: „Jegliche Gewährleistung ist ausgeschlossen". V weist K auf das Kleingedruckte hin. K ist einverstanden. Greift § 309 Nr. 8b) aa) ein?

Lösung: Gemäß **§ 310 I 1** findet u.a. § 309 keine Anwendung, wenn eine Allgemeine Geschäftsbedingung *gegenüber einem Unternehmer* verwendet wird. V und K sind beide Autohändler und damit Unternehmer (§ 14). Daher ist § 309 Nr. 8 b) aa) vorliegend nicht anwendbar.

2. Der Gewährleistungsausschluss durch das Gesetz

Wenn die Parteien im Kaufvertrag die Gewährleistung nicht ausgeschlossen haben, so ist zu prüfen, ob nicht das *Gesetz* einen Gewährleistungsausschluss vorsieht. Gesetzlich ausgeschlossen ist die Gewährleistung gemäß

- **§ 442: Kenntnis des Käufers vom Mangel**
- **§ 445: Öffentliche Versteigerung**
- **§ 377 HGB: Verletzung der Rügepflicht.**

Beispiel 35: V verkauft dem K einen neuen Küchenschrank. Vor dem Abschluss des Vertrags hat K sich den Küchenschrank genau angesehen. Dabei ist ihm aufgefallen, dass die linke Schranktür einen Kratzer aufweist. Als K nach Hause kommt und den Schrank seiner Freundin F zeigt, ist diese wegen des Kratzers gar nicht begeistert. Hat K gegen V wegen des Kratzers die Rechte aus § 437?

Lösung: Ein wirksamer Kaufvertrag wurde zwischen K und V geschlossen. Ein Sachmangel gemäß § 434 I 1 zur Zeit des Gefahrübergangs (§ 446 S. 1) liegt vor, da beim Kauf eines neuen Küchenschranks eine kratzerfreie Oberfläche stillschweigend vereinbart ist.

Die Gewährleistung wegen des Kratzers ist jedoch gemäß § 442 I 1 ausgeschlossen, da K beim Abschluss des Kaufvertrags den Mangel (Kratzer) kannte. Daher hat K wegen des Kratzers keine Rechte aus § 437 gegen V.

Beispiel 36: In Beispiel 35 bemerkt K den Kratzer erst, als er zu Hause die Schutzpappe entfernt und den Schrank auspackt. – Hier hatte K nicht „bei", sondern erst *nach* Vertragsschluss Kenntnis von dem Mangel. Daher ist die Gewährleistung nicht gemäß § 442 I 1 ausgeschlossen.

Beispiel 37: In Beispiel 35 sieht K sich vor Vertragsschluss den Schrank an. Er bemerkt den Kratzer aber trotz Hinweises des V nicht, weil er sich während der Besichtigung mit dem Verfassen einer SMS beschäftigt. – Hier ist dem K der Mangel *infolge grober Fahrlässigkeit* unbekannt geblieben, da seine Unkenntnis auf einer besonders schweren Vernachlässigung der im Verkehr erforderlichen Sorgfalt beruht. Ein *arglistiges Verschweigen* oder eine *Garantie* seitens des Verkäufers V ist nicht ersichtlich. Daher ist die Gewährleistung gemäß **§ 442 I 2** ausgeschlossen.

Beispiel 38: In Beispiel 35 wird der Küchenschrank auf Grund eines Pfandrechts in einer öffentlichen Versteigerung unter der Bezeichnung als Pfand verkauft. Hier hat der Käufer die Rechte aus § 437 nur, wenn der Verkäufer den Mangel arglistig verschwiegen oder eine Garantie für die Beschaffenheit der Sache übernommen hat. Ansonsten ist die Mängelhaftung gemäß **§ 445** ausgeschlossen.

Beispiel 39: Großhändler V verkauft und liefert dem Fahrradhändler K 20 Kinderfahrräder des Modells „Janosch". An den Rahmen von 5 Rädern ist der Lack abgeplatzt, was K allerdings erst 2 Wochen später bemerkt, da er die Räder ohne Begutachtung in sein Lager gebracht hatte. Hat K gegen V die Rechte aus § 437?

Lösung: Ein wirksamer *Kaufvertrag* wurde zwischen K und V geschlossen. Ein *Sachmangel* gemäß § 434 I 1 zur Zeit des Gefahrübergangs (§ 446 S. 1) liegt bei den 5 Fahrrädern vor, da beim Kauf von neuen Fahrrädern eine einwandfreie Lackierung stillschweigend vereinbart ist. Die Gewährleistung könnte jedoch gemäß § 377 II HGB ausgeschlossen sein. Dazu müsste gemäß § 377 I HGB ein *beiderseitiges Handelsgeschäft* vorliegen. Handelsgeschäfte sind gemäß § 343 HGB alle Geschäfte eines Kaufmanns, die zum Betrieb seines Handelsgewerbes gehören, vgl. auch die Vermutung in § 344 HGB. Der Fahrradkauf gehörte sowohl bei K als auch bei V zum Betrieb des Handelsgewerbes. Ein beiderseitiger Handelskauf lag vor. K hat es unterlassen, die Fahrräder unverzüglich nach der Ablieferung zu untersuchen und dem V die Lackfehler anzuzeigen. Daher hat K gemäß **§ 377 II HGB** seine Ansprüche aus § 437 verloren. Die Mängelhaftung ist also ausgeschlossen.

III. Rechte des Käufers

Nun geht es um die Frage, welche **Rechte** der Käufer hat, nachdem festgestellt wurde, dass ein Mangel i.S.d. § 434 vorliegt und die Gewährleistung nicht ausgeschlossen ist.

Gemäß § 437 kann der Käufer

1. **nach § 439 Nacherfüllung verlangen,**

2. **nach den §§ 440, 323 und 326 Abs. 5 von dem Vertrag zurücktreten oder nach § 441 den Kaufpreis mindern und**

3. **nach den §§ 440, 280, 281, 283 und 311a Schadensersatz oder nach § 284 Ersatz vergeblicher Aufwendungen verlangen.**

1. Die Nacherfüllung, §§ 437 Nr. 1, 434, 439

Das für die Praxis bedeutendste Recht des Käufers bei Vorliegen von Sachmängeln ist das Recht auf Nacherfüllung. Dabei kann der Käufer grds. wählen, ob er entweder die *Beseitigung* des Mangels oder die *Lieferung einer mangelfreien* Sache verlangt. Zu beachten ist allerdings, dass der Anspruch auf Lieferung einer mangelfreien Sache bei *Stückschulden*, insbesondere also bei gebrauchten Sachen, häufig wegen **Unmöglichkeit (§ 275 I)** ausgeschlossen ist.

Beispiel 40: Privatmann V verkauft dem K seinen gebrauchten, zwei Jahre alten Golf, der schon vor der Übergabe einen Motorschaden hatte. Direkt nach der Übergabe bemerkt K den reparierbaren Schaden. Kann er von V *Lieferung eines mangelfreien Golfs* gemäß §§ 437 Nr. 1, 434, 439 verlangen?

K könnte gegen V einen Anspruch auf Nachlieferung aus §§ 437 Nr. 1, 434, 439 haben.
1. Ein wirksamer *Kaufvertrag* wurde zwischen K und V geschlossen.
2. Ein *Sachmangel* gemäß § 434 I 2 Nr. 2 zur Zeit des Gefahrübergangs (§ 446 S. 1) liegt vor, da es nicht üblich ist und vom Käufer K auch nicht zu erwarten war, dass ein zwei Jahre alter Golf einen Motorschaden hat.

3. Ein *Ausschluss der Gewährleistung* ist nicht ersichtlich. Der Anspruch auf Nachlieferung aus § 439 ist also *entstanden*.

4. Der Anspruch ist jedoch gemäß § 275 I *untergegangen*, wenn die Nachlieferung für den Schuldner V oder für jedermann unmöglich ist. Da es sich um einen Gebrauchtwagen und mithin um eine Stückschuld handelt, ist niemand in der Lage, genau diesen Wagen noch einmal zu liefern. Also ist es dem V unmöglich, genau diesen Golf noch einmal ohne Motorschaden zu liefern. Demnach ist der Anspruch auf Nachlieferung untergegangen. Also hat K gegen V keinen Anspruch auf Nachlieferung.

Hinweis: K kann von V also gemäß § 439 I nur die *Beseitigung* des Mangels (Reparatur) fordern, da diese ja durchaus möglich ist. Die hierfür erforderlichen Aufwendungen, insbesondere Transport-, Wege-, Arbeits- und Materialkosten hat der V gemäß § 439 II zu tragen. In der Fallfrage (immer genau beachten!) war allerdings nur nach der Nachlieferung gefragt!

Der Anspruch auf Nacherfüllung ist nicht durchsetzbar, wenn der Verkäufer gemäß **§ 439 III** die vom Käufer gewählte Art der Nacherfüllung verweigert, weil sie nur mit *unverhältnismäßigen Kosten* möglich ist (= Einrede).

Beispiel 41: Autohändler V verkauft dem Privatmann K einen fabrikneuen Golf. K bemerkt nach der Übergabe, dass das Getriebe defekt ist. V ist aber nur zu einer Reparatur bereit, da diese erheblich kostengünstiger und einfacher durchzuführen sei als eine Neulieferung. Kann K von V Lieferung eines mangelfreien Golfs gemäß §§ 437 Nr. 1, 434, 439 verlangen?

K könnte gegen V einen Anspruch auf Neulieferung aus §§ 437 Nr. 1, 434, 439 haben.

1. Ein wirksamer *Kaufvertrag* wurde zwischen V und K geschlossen.

2. Ein *Sachmangel* gemäß § 434 I 1 liegt vor, da bei einem Neuwagen ein einwandfrei funktionierendes Getriebe zumindest stillschweigend vereinbart sein dürfte. Da ein Verbrauchsgüterkauf (§ 474 I) vorliegt, wird das Vorliegen des Mangels zum Zeitpunkt des Gefahrübergangs (§ 446 S. 1) gemäß § 476 vermutet.

3. Ein *Ausschluss der Gewährleistung* ist nicht ersichtlich. Der Anspruch auf Nachlieferung aus § 439 ist also *entstanden*.

4. Der Anspruch ist jedoch gemäß § 275 I *untergegangen*, wenn die Nachlieferung für den Schuldner V oder für jedermann unmöglich ist. Da es sich um einen Neuwagen und mithin um eine *Gattungsschuld* handelt, ist V in der Lage, genau diesen Wagen noch einmal zu liefern. Also ist es dem V nicht unmöglich, genau diesen Golf noch einmal ohne Getriebeschaden zu liefern. Demnach ist der Anspruch auf Nachlieferung nicht gemäß § 275 I untergegangen.

5. Der Anspruch ist *nicht durchsetzbar*, wenn ihm die *Einrede* aus § 439 III entgegensteht. V hat hier die Nachlieferung wegen unverhältnismäßiger Kosten verweigert. Da auf die andere Art der Nacherfüllung (Reparatur) ohne erhebliche Nachteile für den Käufer K zurückgegriffen werden kann, ist der Anspruch des K auf Nachlieferung also nicht durchsetzbar. K hat gegen V also keinen Anspruch auf Nachlieferung.

Nicht immer ist es die Nachlieferung, die der Verkäufer wegen unverhältnismäßiger Kosten gemäß § 439 III verweigert. Manchmal ist die Nachlieferung auch billiger als die Reparatur.

Beispiel 42: K kauft sich im Supermarkt einen Fotoapparat für 15,- Euro. Da die Elektronik nicht funktioniert, verlangt er gemäß § 439 I die Mängelbeseitigung (Reparatur). Dies wird ihm jedoch verweigert, da die Reparatur erheblich teurer sei als die Nachlieferung. – Hier kann der Verkäufer gemäß § 439 III wegen unverhältnismäßiger Kosten die Reparatur verweigern und stattdessen einen mangelfreien Fotoapparat nachliefern.

Wenn sowohl die Nachlieferung als auch die Reparatur nur mit unverhältnismäßigen Kosten möglich ist, kann der Verkäufer auch beide Arten der Nacherfüllung gemäß § 439 III verweigern. Dann stehen dem Käufer aber die Rechte aus § 437 Nr. 2 und Nr. 3 zu!

Beispiel 43: In Beispiel 42 könnte der Verkäufer auch die Nachlieferung gemäß § 439 III verweigern, wenn er dafür extra einen einzelnen Apparat aus Hongkong importieren müsste und ihm dabei Kosten von 50,- Euro entstünden. A hat dann die Rechte aus § 437 Nr. 2 und Nr. 3 (insbesondere Rücktritt, Minderung und Schadensersatz).

Schema: Der Anspruch auf Nacherfüllung, §§ 437 Nr. 1, 434, 439

I. Anspruch entstanden?
  1. Wirksamer Kaufvertrag, damit Pflicht zur Lieferung einer mangelfreien Sache, § 433 I 2
  2. Sachmangel gemäß § 434 bei Gefahrübergang (§§ 446, 447, 476)
  3. Kein Ausschluss der Gewährleistung
     a) gesetzlicher Ausschluss, §§ 442, 445 BGB, 377 HGB
     b) vertraglicher Ausschluss evtl. unwirks.: §§ 444, 475, 309 Nr. 8b)
II. Anspruch untergegangen?
  Kein Untergang des Anspruchs gemäß § 275 I
III. Anspruch durchsetzbar?
  Keine Einreden, §§ 275 II, III, 439 III, 438

---

2. Der Rücktritt, §§ 437 Nr. 2, 323 bzw. 326 V

Häufig kommt es vor, dass der Käufer sich über die mangelhafte Sache so sehr ärgert, dass er mit ihr sowie mit dem Verkäufer nichts mehr zu tun haben möchte. Es stellt sich dann die Frage, ob der Käufer ein Rücktrittsrecht geltend machen kann.

Grundsätzlich kann der Käufer nicht schon deswegen zurücktreten, weil er von der mangelhaften Sache „die Nase voll" hat. Vielmehr muss er zunächst grds. erfolglos eine *angemessene Frist zur Nacherfüllung* gesetzt haben, § 323 I. Der Verkäufer soll so eine letzte Möglichkeit erhalten, dem Käufer die Sache entsprechend seiner Pflicht aus § 433 I 2 frei von Sach- und Rechtsmängeln zu verschaffen.

Als Rechtsgrundlage für das Rücktrittsrecht des Käufers kommt immer eine der folgenden zwei Normenketten Betracht:

- §§ 437 Nr. 2, 434, 326 V oder
- §§ 437 Nr. 2, 434, 323.

§ 326 V findet immer dann Anwendung, wenn dem Verkäufer die Nacherfüllung gemäß **§ 275 unmöglich** ist. In diesem Fall ist gemäß § 326 V die Fristsetzung entbehrlich, weil es keinen Sinn machen würde, den Verkäufer zur Nacherfüllung aufzufordern, obwohl er dazu überhaupt nicht in der Lage ist. Ist dem Verkäufer die Nacherfüllung hingegen **möglich**, so ist **§ 323** anzuwenden. Gemäß § 323 I ist dann eine Fristsetzung erforderlich.

Beispiel 44: K kauft den Oldtimer des V. Entgegen den vertraglichen Vereinbarungen ist der Motor schon bei der Übergabe defekt. Da es keine Ersatzteile mehr gibt, kann er auch nicht mehr repariert werden. K sagt zu V, dass er an dem Oldtimer nicht mehr interessiert sei. Welche Normen sind zu prüfen, wenn K zurücktreten will?

Lösung: Zu prüfen ist, ob dem V die Nacherfüllung i.S.d. § 439 I möglich wäre. Hier wurde ein Kaufvertrag über eine gebrauchte Sache und damit über eine Stückschuld geschlossen. Diese gibt es nur einmal. V kann diesen Oldtimer daher kein zweites Mal liefern. Die Nachlieferung ist also nicht möglich. Da es keine Ersatzteile mehr gibt, ist auch die Beseitigung des Mangels (Reparatur) nicht möglich. Es liegt daher Unmöglichkeit gemäß § 275 I vor. Also lautet die richtige Rechtsgrundlage für den Rücktritt §§ 437 Nr. 2, 434, 326 V.

Beispiel 45: Wie Beispiel 44. Jedoch: Eine Reparatur des Motors wäre problemlos möglich. – Hier lautet die richtige Rechtsgrundlage §§ 437 Nr. 2, 434, 323.

In den meisten Klausuren ist nicht § 326 V, sondern § 323 zu prüfen. Denn anhand des § 323 kann der Prüfer sehen, ob das Regel-Ausnahme-Schema bzgl. der *Fristsetzung* verstanden worden ist. Regelmäßig verlangt der § 323 I wie gesagt, dass der Käufer dem Verkäufer eine *angemessene Frist zur Nacherfüllung* setzt. Ausnahmsweise ist diese jedoch entbehrlich, wenn

- der Verkäufer die Leistung ernsthaft und endgültig verweigert, § 323 II Nr. 1
- der Verkäufer die Leistung zu einem im Vertrag bestimmten Termin oder innerhalb einer bestimmten Frist nicht bewirkt und der Käufer im Vertrag den Fortbestand seines Leistungsinteresses an die

Rechtzeitigkeit der Leistung gebunden hat, § 323 II Nr. 2

- besondere Umstände vorliegen, die unter Abwägung der beiderseitigen Interessen den sofortigen Rücktritt rechtfertigen, § 323 II Nr. 3
- der Verkäufer beide Arten der Nacherfüllung gemäß § 439 III ernsthaft und endgültig verweigert oder wenn die dem Käufer zustehende Art der Nacherfüllung fehlgeschlagen oder ihm unzumutbar ist, § 440 S. 2.

Beispiel 46: Wie Beispiel 45. Jedoch: Der V weigert sich vehement, den Motor zu reparieren. K setzt keine Frist. Kann K trotzdem zurücktreten?

Fraglich ist, ob K zurücktreten kann gemäß §§ 437 Nr. 2, 434, 323.

1. Ein wirksamer *Kaufvertrag* besteht zwischen K und V.

2. Der Wagen leidet unter einem *Sachmangel* gemäß § 434 I 1, weil der Motor entgegen den vertraglichen Vereinbarungen defekt ist. Der Defekt bestand schon bei Gefahrübergang (§ 446 S.1).

3. Ein *Ausschluss der Gewährleistung* ist nicht ersichtlich.

4. Regelmäßig muss der Käufer dem Verkäufer vor dem Rücktritt erfolglos gemäß § 323 I eine *Frist zur Nacherfüllung* gesetzt haben. K hat keine solche Frist gesetzt. Gemäß § 323 II Nr. 1 ist eine Fristsetzung jedoch entbehrlich, wenn der Verkäufer die Nacherfüllung ernsthaft und endgültig verweigert. Laut Sachverhalt weigert V sich vehement. Daher war hier die Fristsetzung gemäß § 323 II Nr. 1 entbehrlich.

5. Ergebnis: K kann also zurücktreten gemäß §§ 437 Nr. 2, 434, 323.

Beispiel 47: Wie Beispiel 43. Der Verkäufer weigert sich wegen unverhältnismäßiger Kosten gemäß § 439 III, dem K einen neuen Fotoapparat zu liefern und den gekauften zu reparieren. K setzt keine Frist. Kann K trotzdem zurücktreten?

Fraglich ist, ob K zurücktreten kann gemäß §§ 437 Nr. 2, 434, 323.

1. Ein wirksamer *Kaufvertrag* besteht zwischen K und dem Verkäufer.

2. Der Fotoapparat leidet unter einem *Sachmangel* gemäß § 434 I 1. Der Defekt bestand schon bei Gefahrübergang (§ 446 S.1).

3. Ein *Ausschluss der Gewährleistung* ist nicht ersichtlich.

4. Regelmäßig muss der Käufer dem Verkäufer vor dem Rücktritt erfolglos gemäß § 323 I eine *Frist zur Nacherfüllung* gesetzt haben. K hat keine solche Frist gesetzt. Gemäß § 440 S. 1 ist eine Fristsetzung jedoch entbehrlich, wenn der Verkäufer *beide Arten* der Nacherfüllung gemäß § 439 III verweigert. Laut Sachverhalt hat der Verkäufer beide Arten der Nacherfüllung verweigert. Daher war hier die Fristsetzung gemäß § 440 S. 1 entbehrlich.

5. Ergebnis: K kann also zurücktreten gemäß §§ 437 Nr. 2, 434, 323.

Beispiel 48: Der Fotoapparat des K wird repariert. Als K ihn zurückerhält, ist die Elektronik immer noch defekt. Er wird erneut eingeschickt. Aber auch dieser Reparaturversuch bleibt ohne Erfolg. Kann K vom Kaufvertrag ohne weitere Fristsetzung zurücktreten?

Fraglich ist, ob K zurücktreten kann gemäß §§ 437 Nr. 2, 434, 323.

1. Ein wirksamer *Kaufvertrag* besteht zwischen K und dem Verkäufer.

2. Der Fotoapparat leidet unter einem *Sachmangel* gemäß § 434 I 1. Der Defekt bestand schon bei Gefahrübergang (§ 446 S.1).

3. Ein *Ausschluss der Gewährleistung* ist nicht ersichtlich.

4. Regelmäßig muss der Käufer dem Verkäufer vor dem Rücktritt erfolglos gemäß § 323 I eine *Frist zur Nacherfüllung* gesetzt haben. K hat jedoch keine solche Frist gesetzt. Gemäß § 440 S. 1 ist eine Fristsetzung jedoch entbehrlich, wenn die dem Käufer zustehende Art der Nacherfüllung *fehlgeschlagen* ist. Eine Nachbesserung gilt gemäß § 440 S. 2 nach dem *erfolglosen zweiten Versuch* als fehlgeschlagen. Vorliegend waren beide Reparaturversuche erfolglos. Daher war hier die Fristsetzung gemäß § 440 S. 1 entbehrlich.

5. Ergebnis: K kann also zurücktreten gemäß §§ 437 Nr. 2, 434, 323.

Zu beachten ist, dass das Rücktrittsrecht ausgeschlossen ist, wenn

- der Mangel unerheblich ist, § 323 V S. 2

- der Käufer für den Umstand, der ihn zum Rücktritt berechtigen würde, allein oder weit überwiegend verantwortlich ist, § 323 VI, 1. Alt.

- der vom Verkäufer nicht zu vertretende Umstand zu einer Zeit eintritt, zu welcher der Käufer im Verzug der Annahme ist, § 323 VI, 2. Alt.

Beispiel 49: Auf der Rückseite des von K für 15 Euro gekauften Foto-apparats befindet sich am Gehäuse eine winzige, kaum sichtbare Delle. Kann K nach erfolgloser Fristsetzung zurücktreten? Zu prüfen ist:

Fraglich ist, ob K zurücktreten kann gemäß §§ 437 Nr. 2, 434, 323.

1. Ein wirksamer *Kaufvertrag* besteht zwischen K und dem Verkäufer.

2. Der Fotoapparat leidet unter einem *Sachmangel* gemäß § 434 I 1. Die Delle bestand schon bei Gefahrübergang (§ 446 S.1).

3. Ein *Ausschluss der Gewährleistung* ist nicht ersichtlich.

4. Regelmäßig muss der Käufer dem Verkäufer vor dem Rücktritt erfolglos gemäß § 323 I eine *Frist zur Nacherfüllung* gesetzt haben. K hat eine solche Frist gesetzt.

5. Der Rücktritt ist jedoch gemäß § 323 V S. 2 *ausgeschlossen*, weil eine kleine, kaum sichtbare Delle auf der Rückseite des Apparats als „uner-heblich" anzusehen sein dürfte.

6. Ergebnis: K kann also zurücktreten gemäß §§ 437 Nr. 2, 434, 323.

Beispiel 50: Auf der Vorderseite der von K gekauften Waschmaschine befindet sich am Gehäuse eine dicke, deutlich sichtbare Delle. K hatte nach Abschluss des Kaufvertrags, jedoch vor Übergabe der Maschine, absichtlich gegen die Maschine getreten. Kann K nach erfolgloser Frist-setzung zurücktreten? Zu prüfen ist:

Fraglich ist, ob K zurücktreten kann gemäß §§ 437 Nr. 2, 434, 323.

1. Ein wirksamer Kaufvertrag besteht zwischen K und dem Verkäufer.

2. Die Maschine leidet unter einem Sachmangel gemäß § 434 I 1. Die Delle bestand schon bei Gefahrübergang (Übergabe, § 446 S.1).

3. Ein Ausschluss der Gewährleistung ist nicht ersichtlich.

4. Regelmäßig muss der Käufer dem Verkäufer vor dem Rücktritt erfolglos gemäß § 323 I eine Frist zur Nacherfüllung gesetzt haben. K hat eine solche Frist gesetzt.

5. Der Rücktritt ist jedoch gemäß § 323 V S. 2 ausgeschlossen, wenn die Delle als „unerheblich" anzusehen ist. Eine dicke, deutlich sichtbare Delle ist aber nicht als unerheblich anzusehen. Gemäß § 323 VI, 1. Alt. ist der Rücktritt auch ausgeschlossen, wenn der K für den Umstand, der ihn zum Rücktritt berechtigen würde, allein oder weit überwiegend verantwortlich ist. K hat absichtlich gegen die Maschine getreten und ist daher allein für die Delle verantwortlich. Der Rücktritt ist also gemäß § 323 VI, 1. Alt. ausgeschlossen.

6. Ergebnis: K kann nicht zurücktreten gemäß §§ 437 Nr. 2, 434, 323.

In einer Klausur kann das Rücktrittsrecht an verschiedener Stelle im Fallaufbau Bedeutung erlangen:

- Es kann gefragt sein, ob der Käufer zurücktreten kann (vgl. Beispiele 44 bis 50).

- Es kann gefragt sein, ob der Verkäufer vom Käufer Zahlung des Kaufpreises gemäß § 433 II fordern kann. Zu prüfen ist dann, ob der Zahlungsanspruch des Verkäufers durch einen Rücktritt des Käufers *untergegangen* ist.

- Es kann gefragt sein, ob der Käufer Rückzahlung des bereits an den Verkäufer gezahlten Kaufpreises verlangen kann.

Beispiel 51: Wie Beispiel 44, S. 29. K sagt zu V, dass er an dem Oldtimer nicht mehr interessiert sei. V, der den Kaufpreis noch nicht erhalten hat, verlangt weiterhin Kaufpreiszahlung. Zu Recht?

V könnte gegen K einen Anspruch auf Zahlung aus § 433 II haben.

I. Anspruch entstanden? Ein wirksamer *Kaufvertrag* besteht zwischen V und K. Der Anspruch auf Kaufpreiszahlung ist also entstanden.

II. Der Anspruch könnte untergegangen sein. In Betracht kommt ein Untergang durch den Rücktritt des K gemäß §§ 346 I, 437 Nr. 2, 434, 326 V. Voraussetzung ist, dass K wirksam vom Kaufvertrag zurückgetreten ist.

1. Der Oldtimer leidet wegen des defekten Motors unter einem *Sachmangel* gemäß § 434 I 1. Der Motorschaden bestand schon bei Gefahrübergang (Übergabe, § 446 S.1).

2. Ein *Ausschluss der Gewährleistung* ist nicht ersichtlich.

3. Regelmäßig muss der Käufer dem Verkäufer vor dem Rücktritt erfolglos gemäß § 323 I eine *Frist zur Nacherfüllung* gesetzt haben. Eine solche Fristsetzung ist jedoch im Falle des § 326 V (Unmöglichkeit der Nacherfüllung) entbehrlich. Da es den Oldtimer nur einmal gibt und eine Reparatur des Motors mangels Ersatzteilen nicht möglich ist, liegt Unmöglichkeit der Nacherfüllung vor. K musste also keine Frist setzen.

4. Der Rücktritt ist *nicht ausgeschlossen.*

5. Eine *Rücktrittserklärung* gemäß § 349 hat der K abgegeben.

6. Ergebnis: Es liegt ein wirksamer Rücktritt des K vor. Also ist der Anspruch des V auf Kaufpreiszahlung aus § 433 II durch den Rücktritt des K untergegangen. V kann also nicht Zahlung des Kaufpreises von K fordern.

Beispiel 52: Wie Beispiel 51. K sagt zu V, dass er an dem Oldtimer nicht mehr interessiert sei. K, der den Kaufpreis i.h.v. 30.000 Euro schon an V gezahlt hat, verlangt nun Rückzahlung der 30.000 Euro. Zu Recht?

K könnte gegen V einen Anspruch auf Rückzahlung aus §§ 346, 437 Nr. 2, 434, 326 V haben.

I. Anspruch entstanden? Voraussetzung ist, dass K wirksam vom Kaufvertrag zurückgetreten ist.

1. Ein wirksamer *Kaufvertrag* bestand zwischen K und V.

2. Der Oldtimer leidet wegen des defekten Motors unter einem *Sachmangel* gemäß § 434 I 1. Der Motorschaden bestand schon beim Gefahrübergang (Übergabe, § 446 S.1).

3. Ein *Ausschluss der Gewährleistung* ist nicht ersichtlich.

4. Regelmäßig muss der Käufer dem Verkäufer vor dem Rücktritt erfolglos gemäß § 323 I eine *Frist zur Nacherfüllung* gesetzt haben. Eine solche Fristsetzung ist jedoch im Falle des § 326 V (Unmöglichkeit der Nacherfüllung) entbehrlich. Da es den Oldtimer nur einmal gibt und eine Reparatur des Motors mangels Ersatzteilen nicht möglich ist, ist Unmöglichkeit der Nacherfüllung gegeben. K musste also keine Frist setzen.

5. Der Rücktritt ist *nicht ausgeschlossen*.

6. Eine *Rücktrittserklärung* gemäß § 349 hat der K abgegeben.

Der Anspruch auf Rückzahlung ist also *entstanden*. Er ist *nicht untergegangen*.

II. Ergebnis: Es liegt ein wirksamer Rücktritt des K vor. Also kann K von V gemäß §§ 346, 437 Nr. 2, 434, 326 V Rückzahlung des Kaufpreises in Höhe von 30.000 Euro fordern.

Schema: Kann der Käufer zurücktreten? -> §§ 437 Nr. 2, 434, 323
oder 326 V

1. Wirksamer Kaufvertrag
2. Sachmangel gemäß § 434 bei Gefahrübergang
   (§§ 446, 447, 476)
3. Kein Ausschluss der Gewährleistung
   a) gesetzlicher Ausschluss, §§ 442, 445 BGB, 377 HGB
   b) vertraglicher Ausschluss evtl. unwirks.: §§ 444, 475,
      309 Nr. 8b)
4. Fristsetzung, § 323 I; entbehrlich bei § 323 II, § 440, § 326 V
5. Kein Ausschluss des Rücktritts, § 323 V S. 2, § 323 VI

Schema: Kann der Käufer Rückzahlung des bereits gezahlten
Kaufpreises verlangen ? -> §§ 346, 437 Nr. 2, 434, 323 oder 326 V

1. Wirksamer Kaufvertrag
2. Sachmangel gemäß § 434 bei Gefahrübergang
   (§§ 446, 447, 476)
3. Kein Ausschluss der Gewährleistung
   a) gesetzlicher Ausschluss, §§ 442, 445 BGB, 377 HGB
   b) vertraglicher Ausschluss evtl. unwirks.: §§ 444, 475,
      309 Nr. 8b)
4. Fristsetzung, § 323 I; entbehrlich bei § 323 II, § 440, § 326 V
5. Kein Ausschluss des Rücktritts, § 323 V S. 2, § 323 VI
6. Erklärung des Rücktritts, § 349.

Schema: Kann der Verkäufer weiterhin gemäß § 433 II Zahlung des
Kaufpreises fordern?

I. Anspruch entstanden? -> Wirksamer Kaufvertrag
                          erforderlich!
II. Anspruch untergegangen? -> Wirksamer Rücktritt ?
1. Sachmangel gemäß § 434 bei Gefahrübergang
   (§§ 446, 447, 476)
2. Kein Ausschluss der Gewährleistung
   a) gesetzlicher Ausschluss, §§ 442, 445 BGB, 377 HGB
   b) vertraglicher Ausschluss evtl. unwirks.: §§ 444, 475,
      309 Nr. 8b)
3. Fristsetzung, § 323 I; entbehrlich bei § 323 II, § 440, § 326 V
4. Kein Ausschluss des Rücktritts, § 323 V S. 2, § 323 VI
5. Erklärung des Rücktritts, § 349.

3. Die Minderung, §§ 437 Nr. 2, 441, 434

Nicht immer will der Käufer die gekaufte Sache wegen des Mangels zurückgeben. Manchmal will er nur dafür entschädigt werden, dass der Kaufgegenstand wegen des Mangels weniger wert ist, als er dafür zu zahlen hat. Für diesen Fall gibt ihm das Kaufrecht die Möglichkeit, die Sache zu behalten und Minderung zu verlangen. Voraussetzung für das Minderungsrecht des Käufers ist allerdings, dass alle Voraussetzungen eines Rücktritts, insbesondere das erfolglose Bestimmen einer Frist zur Leistung oder Nacherfüllung, gegeben sind. Dies steht zwar nicht ausdrücklich in § 441, folgt aber daraus, dass der Käufer die Minderung nur „statt" des Rücktritts wählen kann, vgl. § 441 I 1.

Fazit: Der Käufer kann grds. erst mindern, nachdem er dem Verkäufer erfolglos eine angemessene Frist zur Leistung oder Nacherfüllung bestimmt hat! Außerdem kann der Käufer keine Minderung verlangen, wenn der Rücktritt aus dem Grunde ausgeschlossen ist, dass er gemäß § 323 VI für den Mangel allein oder weit überwiegend verantwortlich ist.

In welcher Höhe kann der Käufer mindern? Die Formel ergibt sich aus **§ 441 III 1**:

$$\text{Geminderter Kaufpreis} = \frac{\text{Wert mit Mangel X vereinbarter Kaufpreis}}{\text{Wert ohne Mangel}}$$

Beispiel 53: K kauft bei Händler V einen neuen Einbau-Küchenschrank für 200 Euro. Den Kaufpreis soll K innerhalb von 14 Tagen überweisen. Nachdem K den Schrank zu Hause eingebaut hat bemerkt er, dass die Schranktür vorne einen dicken Kratzer hat. Der Schrank hätte ohne den Kratzer einen Wert von 300 Euro gehabt. Wegen des deutlich sichtbaren Kratzers ist er aber nur 150 Euro wert. Kann K mindern? Wie hoch ist der geminderte Kaufpreis?

Fraglich ist, ob K mindern kann gemäß §§ 437 Nr. 2, 434, 441.

1. Ein wirksamer *Kaufvertrag* wurde zwischen K und V geschlossen.

2. Der Schrank leidet unter einem *Sachmangel* gemäß § 434 I 1, da bei einem neuen Schrank eine einwandfreie Oberfläche zumindest still-schweigend vereinbart sein dürfte. Gemäß § 476 wird grds. vermutet, dass der Schrank bereits bei Gefahrübergang (§ 446) mangelhaft war. Ist § 476 überhaupt anwendbar? § 476 findet gemäß § 474 I S. 1 Anwen-dung, wenn ein Verbraucher von einem Unternehmer eine bewegliche Sache kauft. V war Unternehmer (§ 14), der K Verbraucher (§ 13), der Schrank eine bewegliche Sache. Ein Verbrauchsgüterkauf liegt vor, § 476 ist anwendbar. Der Mangel muss gemäß § 476 innerhalb von 6 Monaten aufgetreten sein. Das ist der Fall.

3. Ein *Ausschluss der Gewährleistung* ist nicht ersichtlich.

4. Da K die Minderung nur „statt" des Rücktritts verlangen kann, muss er grds. zunächst erfolglos eine *Frist setzen*.

5. Die Minderung ist ausgeschlossen, wenn auch der Rücktritt ausge-schlossen wäre, z.B. wegen § 323 VI. Ein derartiger Ausschluss ist aber nicht ersichtlich.

6. Eine *Erklärung* der Minderung (§ 441 I 1) müsste K noch abgeben.

7. Ergebnis: Nach erfolgloser Fristsetzung kann K mindern. Der gemin-derte Kaufpreis berechnet sich wie folgt: Geminderter Kaufpreis = (150 X 200) : 300 = 100 Euro.

Schema: Kann der Käufer mindern? -> §§ 437 Nr. 2, 434, 441

1. **Wirksamer Kaufvertrag**
2. **Sachmangel gemäß § 434 bei Gefahrübergang (§§ 446, 447, 476)**
3. **Kein Ausschluss der Gewährleistung**
   a) gesetzlicher Ausschluss, §§ 442, 445 BGB, 377 HGB
   b) vertraglicher Ausschluss evtl. unwirks.: §§ 444, 475, 309 Nr. 8b)
4. **Fristsetzung, § 323 I; entbehrlich bei § 323 II, § 440, § 326 V**
5. **Kein Ausschluss der Minderung gemäß § 323 VI (der Ausschlussgrund des § 323 V S. 2 ist nicht anwendbar, vgl. § 441 I S. 2!)**
6. **Erklärung der Minderung, § 441 I 1.**

Beim Lesen des Sachverhalts ist genau darauf zu achten, ob der Käufer den Kaufpreis bereits gezahlt hat oder nicht. Wurde der Kaufpreis gezahlt, so hat der Käufer einen *Rückzahlungsanspruch* in Höhe des zuviel gezahlten Kaufpreises aus § 441 IV S. 1.

Beispiel 54: Abwandlung: In Beispiel 53 hat K bereits 200 Euro an V gezahlt. Da K wegen des Kratzers nur 100,- Euro zu zahlen hat, verlangt er von V 100,- Euro zurück. Dieser Rückzahlungsanspruch ergibt sich aus §§ 346 I, 441 IV, 437 Nr. 2, 434.

Ist im Sachverhalt danach gefragt, ob der Verkäufer trotz der Minderungserklärung des Käufers weiterhin Zahlung des (noch nicht gezahlten) Kaufpreises verlangen kann, so ist zu prüfen, in wieweit der Anspruch auf Zahlung des Kaufpreises durchsetzbar ist (= Einrede!).

Beispiel 55: Wie Beispiel 53. K erklärt nach erfolgloser Fristsetzung die Minderung. Da K die 200 Euro nach zwei Wochen immer noch nicht überwiesen hat, verlangt V telefonisch Kaufpreiszahlung in Höhe von 200 Euro. Zu Recht?

V könnte gegen K einen Anspruch auf Zahlung der 200 Euro aus § 433 II haben.

I. Anspruch entstanden? Der Anspruch auf Kaufpreiszahlung ist entstanden, wenn ein wirksamer *Kaufvertrag* zwischen V und K geschlossen wurde. Das ist der Fall.

II. Anspruch untergegangen? Ein Untergang ist nicht ersichtlich.

III. Anspruch durchsetzbar? Der Anspruch ist in Höhe von 100 Euro nicht durchsetzbar, wenn K erfolgreich die Minderung erklärt hat.

1. Der Schrank leidet unter einem *Sachmangel* gemäß § 434 I 1, da bei einem neuen Schrank eine einwandfreie Oberfläche zumindest stillschweigend vereinbart sein dürfte. Gemäß § 476 wird grds. vermutet, dass der Schrank bereits bei Gefahrübergang (§ 446) mangelhaft war. Ist § 476 überhaupt anwendbar? § 476 findet gemäß § 474 I S. 1 Anwendung, wenn ein Verbraucher von einem Unternehmer eine bewegliche Sache kauft. V war Unternehmer (§ 14), der K Verbraucher (§ 13), der Schrank eine bewegliche Sache. Ein Verbrauchsgüterkauf liegt vor, § 476 ist anwendbar. Der Mangel muss gemäß § 476 innerhalb von 6 Monaten aufgetreten sein. Das ist der Fall.

2. Ein *Ausschluss der Gewährleistung* ist nicht ersichtlich.

3. Da K die Minderung nur „statt" des Rücktritts verlangen kann, muss er grds. zunächst erfolglos eine *Frist* setzen. Dies hat K getan.

4. Die Minderung ist ausgeschlossen, wenn auch der Rücktritt ausgeschlossen wäre, z.B. wegen § 323 VI. Ein derartiger Ausschluss ist aber nicht ersichtlich.

5. Eine *Erklärung* der Minderung (§ 441 I 1) hat K abgegeben.

6. Ergebnis: K hat den Kaufpreis von 200 Euro durch seine Erklärung erfolgreich gemindert. Daher ist er in Höhe von 100 Euro nicht durchsetzbar. Also kann V nur die restlichen 100 Euro aus § 433 II von K verlangen.

4. Der Schadensersatzanspruch, § 437 Nr. 3

„Den" Anspruch auf Schadensersatz gibt es nicht. Vielmehr existieren *vier* Anspruchsgrundlagen, die unterschiedliche Voraussetzungen haben:

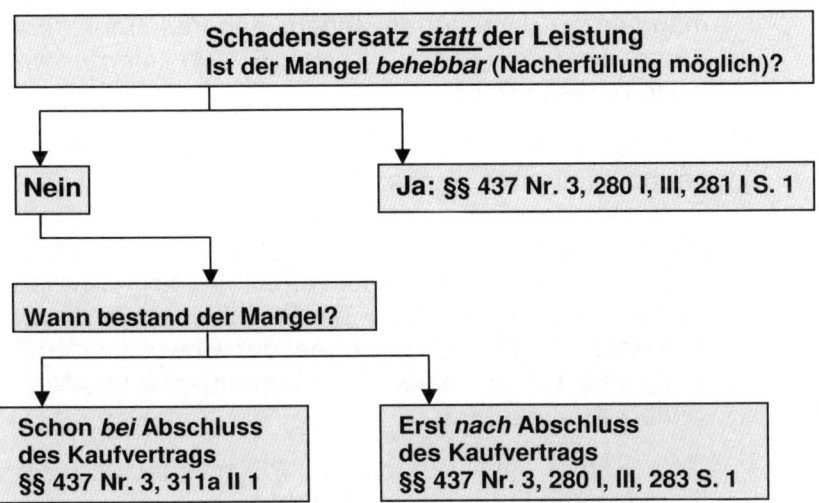

Die Unterscheidung zwischen „behebbarem" und „unbehebbarem" Mangel hat vor allem Bedeutung bzgl. der **Fristsetzung**: Wenn der Verkäufer den Mangel nicht beheben kann, wäre es sinnlos, vom Käufer zu verlangen, dass er zunächst erfolglos eine Frist setzt. Deshalb ist bei einem unbehebbaren Mangel (§§ 437 Nr. 3, 311 a II 1 und §§ 437 Nr. 3, 280 I, III, 283 S. 1) eine Fristsetzung entbehrlich!

a) Schadensersatz statt der Leistung wegen eines *behebbaren* Mangels

Ergibt sich aus dem Sachverhalt, dass der Verkäufer in der Lage ist, den Mangel *zu beheben*, so sind als Anspruchsgrundlage die **§§ 437 Nr. 3, 280 I, III, 281 I S. 1** zu wählen.

Sie setzen insbesondere folgendes voraus:
- Der Sachmangel (§ 434) muss bei Gefahrübergang (§§ 446, 447) bestanden haben.

- Der Verkäufer muss gemäß § 280 I eine *Pflicht verletzt* haben. Gemäß § 433 I S. 2 hat der Verkäufer dem Käufer die Sache frei von Sach- und Rechtsmängeln zu verschaffen. Indem der Verkäufer dem Käufer eine mangelhafte Sache (§ 434) lieferte, verletzte er diese Pflicht.

- Der Verkäufer muss die Pflichtverletzung (Lieferung der mangelhaften Sache) *zu vertreten* haben, § 280 I S. 2. Der Verkäufer hat wie jeder Schuldner grundsätzlich Vorsatz und Fahrlässigkeit zu vertreten, § 276 I. Enthält der Sachverhalt keine Hinweise darauf, dass der Verkäufer die Pflichtverletzung *nicht* zu vertreten hat, so ist wegen der Beweislastregel des § 280 I 2 von einem Vertretenmüssen des Verkäufers auszugehen.

- Dem Käufer muss durch die Pflichtverletzung ein *Schaden* entstanden sein, § 280 I 1.

- Regelmäßig muss der Käufer dem Verkäufer gemäß § 281 I 1 erfolglos eine *angemessene Frist zur Nacherfüllung* gesetzt haben. Entbehrlich ist die Fristsetzung in den Fällen der §§ 281 II, 440.

Liegen die o.g. Voraussetzungen vor, so kann der Käufer den sog. *Mangelschaden* vom Verkäufer ersetzt verlangen:

- Macht der Käufer den sog. **kleinen Schadensersatzanspruch** geltend, so behält er die mangelhafte Sache und erhält vom Verkäufer die Differenz, die sich ergibt, wenn man den Wert der mangelhaften mit dem Wert der mangelfreien Sache vergleicht. Dazu gehören z.b. auch die Kosten, die dem Käufer durch die Beseitigung des Mangels (z.B. durch eine Reparatur in einer Werkstatt) entstanden sind.

- Beim sog. **großen Schadensersatzanspruch** („Schadensersatz statt der *ganzen* Leistung") gibt der Käufer dem Verkäufer die Sache zurück und erhält insbesondere den gezahlten Kaufpreis wieder. Daneben kann er z.B. die Kosten für eine Ersatzbeschaffung, entgangenen Gewinn usw. verlangen. Zu beachten ist, dass der große Schadensersatzanspruch gemäß § 281 I S. 3 nur dann in Betracht kommt, wenn der Mangel *erheblich* ist. Über § 281 V finden beim großen Schadensersatzanspruch die Rücktrittsvorschriften (§§ 346 bis 348) Anwendung.

Schema: Kann der Käufer wegen eines behebbaren Mangels Scha densersatz fordern? -> §§ 437 Nr. 3, 280 I, III, 281 I S. 1

1. **Wirksamer Kaufvertrag**
2. **Pflichtverletzung, § 280 I 1**
   a) **Verkäufer ist gemäß § 433 I 2 zur Lieferung einer mangelfreien Sache verpflichtet**
   b) **Die verkaufte Sache hatte bei Gefahrübergang (§§ 446, 447, 476) einen Mangel i.S.d. § 434**
   c) **Kein Ausschluss der Gewährleistung**
      aa) **gesetzlicher Ausschluss, §§ 442, 445 BGB, 377 HGB**
      bb) **vertraglicher Ausschluss evtl. unwirks.: §§ 444, 475, 309 Nr. 8b)**
3. **Verkäufer hat Pflichtverletzung zu vertreten, §§ 276 I, 278**
   -> Wird vermutet, wenn Verkäufer nicht das Gegenteil beweist, § 280 I 2
4. **Dem Käufer muss ein Schaden entstanden sein**
5. **Die Leistung wurde nicht wie geschuldet erbracht, § 281 I 1**
   -> Wurde schon bei Punkt 2. geprüft!
6. **Erfolglose Fristsetzung, § 281 I 1; entbehrlich nach § 281 II, § 440**
7. **Beim *großen* Schadensersatzanspruch (Rückgabe der Sache) muss Pflichtverletzung *erheblich* sein, § 281 I S. 3**

Beispiel 56: V verkauft dem K einen einjährigen VW-Golf. Dieser hatte schon bei Übergabe eine defekte Zylinderkopfdichtung. Als K dies 3 Wochen später bemerkt und dem V mitteilt, weigert sich V hartnäckig, den Mangel abzustellen. Daraufhin fordert K von V ohne Fristsetzung die Reparaturkosten als Schadensersatz. Zu Recht?

K könnte gegen V einen Anspruch aus §§ 437 Nr. 3 , 280 I, III, 281 I S. 1 haben.

1. Ein wirksamer *Kaufvertrag* wurde zwischen K und V geschlossen.

2. V hat eine *Pflicht verletzt*, indem er dem K entgegen § 433 I 2 einen Golf mit defekter Zylinderkopfdichtung lieferte. Die defekte Zylinderkopfdichtung stellt einen Sachmangel i.S.d. § 434 dar und bestand bereits zur Zeit des Gefahrübergangs (§ 446). Ein Ausschluss der Gewährleistung ist nicht ersichtlich.

3. Der V hat die Pflichtverletzung mangels gegenteiliger Angaben im Sachverhalt *zu vertreten*, § 280 I 2.

4. Dem K ist ein *Schaden* entstanden, da der Wagen wegen der defekten Zylinderkopfdichtung weniger wert ist als ohne diesen Mangel.

5. Wie bereits unter Punkt 2. festgestellt, hat V die Leistung wegen § 433 I 2 nicht wie geschuldet gemäß § 281 I 1 erbracht.

6. Grds. musste K gemäß § 281 I 1 eine *Frist zur Leistung oder Nacherfüllung bestimmen*. Da V sich hartnäckig weigerte, war eine Fristsetzung aber gemäß § 281 II entbehrlich.

7. Ergebnis: Auch ohne Fristsetzung kann K den sog. kleinen Schadensersatz verlangen. Dieser beinhaltet auch die Kosten für die Reparatur.

b) Schadensersatz statt der Leistung wegen eines *unbehebbaren* Mangels

Ergibt sich aus dem Sachverhalt, dass der Verkäufer *nicht* in der Lage ist, den Mangel *zu beheben*, so sind als Anspruchsgrundlage entweder die **§§ 437 Nr. 3, 280 I, III, 283 S. 1** oder die **§§ 437 Nr. 3, 311a II 1** zu wählen. Bestand das Leistungshindernis schon *bei Abschluss des Kaufvertrags* (sog. *anfängliche Unmöglichkeit)*, so bilden die §§ 437 Nr. 3, 311a II 1 die „richtige" Anspruchsgrundlage. Ist das Leistungshindernis dagegen erst *nach* Abschluss des Kaufvertrags entstanden (sog. *nachträgliche Unmöglichkeit)*, so muss auf §§ 437 Nr. 3, 280 I, III, 283 S. 1 zurückgegriffen werden.

Beispiel 57: V verkauft dem K einen Oldtimer. Dieser hatte schon bei Vertragsschluss eine defekte Zylinderkopfdichtung. Da Ersatzteile nicht mehr zu beschaffen sind, kann der Wagen nicht mehr reparlert werden. – Hier ist der Mangel *nicht* behebbar. Die Möglichkeit der Beschaffung eines Ersatzwagens scheidet bei einem Gebrauchtwagen ebenfalls aus. Unmöglichkeit der Nacherfüllung liegt vor. Sie bestand schon *bei Abschluss* des Kaufvertrags. Also lautet die „richtige" Anspruchsgrundlage: §§ 437 Nr. 3, 311a II 1.

Beispiel 58: Wie Beispiel 57. Jedoch war die Zylinderkopfdichtung zur Zeit des Vertragsabschlusses einwandfrei. Der unbehebbare Defekt kommt erst dadurch zustande, dass V nach Vertragsabschluss, jedoch vor der Übergabe des Wagens an K, eine letzte Fahrt unternimmt. - Hier ist der Mangel *nicht behebbar*. Außerdem bestand die Unmöglichkeit der Nacherfüllung erst *nach* Abschluss des Kaufvertrags. Also lautet die „richtige" Anspruchsgrundlage: §§ 437 Nr. 3, 280 I, III, 283 S. 1.

aa) Der Schadensersatzanspruch wegen **anfänglicher Unmöglichkeit** gemäß §§ 437 Nr. 3, 311a II 1 hat insbesondere folgende Voraussetzungen:

- Der Verkäufer muss wegen eines Leistungshindernisses gemäß § 275 I-III von seiner Leistungspflicht frei geworden sein und das Hindernis muss bereits bei Abschluss des Kaufvertrags bestanden haben, § 311a I.

- Der Anspruch besteht nicht, wenn der Verkäufer das Leistungshindernis bei Vertragsschluss nicht kannte und seine Unkenntnis auch nicht zu vertreten hat, § 311 a II 2. Diese Formulierung stellt wie § 280 I 2 eine sog. *Beweislastumkehr* dar. Enthält der Sachverhalt also keine Hinweise für die Kenntnis oder nicht zu vertretende Unkenntnis des Verkäufers, so ist sein Vertretenmüssen zu unterstellen.

- Dem Käufer muss ein *Schaden* entstanden sein.

Liegen die o.g. Voraussetzungen vor, so kann der Käufer den sog. *Mangelschaden* vom Verkäufer ersetzt verlangen. Er kann dabei den oben (S. 47) erläuterten großen oder den kleinen Schadensersatzanspruch geltend machen.

Schema: Kann der Käufer wegen eines unbehebbaren Mangels, der schon bei Vertragsschluss bestand, Schadensersatz fordern?
-> §§ 437 Nr. 3, 311a II 1

---

1. **Wirksamer Kaufvertrag**
2. **Sachmangel gemäß § 434 bei Gefahrübergang**
   (§§ 446, 447, 476)
3. **Kein Ausschluss der Gewährleistung**
   aa) gesetzlicher Ausschluss, §§ 442, 445 BGB, 377 HGB
   bb) vertraglicher Ausschluss evtl. unwirks.: §§ 444, 475, 309
   Nr. 8b)
4. **Leistungsbefreiung des Verkäufers gemäß § 275 I-III wegen Leistungshindernis (Mangel); das Hindernis muss schon Bei Vertragsabschluss bestanden haben**
5. **Kenntnis des Verkäufers vom Mangel bei Vertragsschluss bzw. von ihm zu vertretende Unkenntnis**
   -> Wird vermutet, wenn Verkäufer nicht das Gegenteil beweist, § 311a II 2
6. **Dem Käufer muss ein Schaden entstanden sein**

Beispiel 59: Hat K in Beispiel 57 gegen V einen Anspruch auf Schadensersatz aus §§ 437 Nr. 3, 311 a II 1?

K könnte gegen V einen Anspruch auf Schadensersatz aus §§ 437 Nr. 3, 311 a II 1 haben.

1. Ein wirksamer *Kaufvertrag* wurde zwischen K und V geschlossen.

2. Der Oldtimer litt wegen der defekten Zylinderkopfdichtung unter einem *Sachmangel* gemäß § 434 I 2 Nr. 2, da er sich nicht sich für die gewöhnliche Verwendung eignete und eine Beschaffenheit aufwies, die bei Sachen der gleichen Art üblich ist und die der A nach der Art der Sache erwarten konnte. Der Mangel bestand *zur Zeit des Gefahrübergangs* (§ 446).

3. Ein *Ausschluss der Gewährleistung* ist nicht ersichtlich.

4. Dem V ist es nicht möglich, die Zylinderkopfdichtung reparieren zu lassen, § 275 I. Da es sich um einen Gebrauchtwagen handelt, ist auch eine Ersatzlieferung eines gleichen Wagens nicht möglich. Diese *Unmöglichkeit* bestand schon *bei Abschluss* des Kaufvertrags.

5. Der Sachverhalt enthält keine Angaben dazu, ob der V bei Vertragsabschluss *Kenntnis bzw. eine von ihm zu vertretende Unkenntnis* bzgl. des Mangels hatte. Da V nichts Gegenteiliges dargelegt hat, ist wegen der Beweislastregel des § 311 a II 2 seine Kenntnis bzw. zu vertretende Unkenntnis zu unterstellen.

6. Dem K ist ein *Schaden* entstanden, da der Wagen wegen der defekten Zylinderkopfdichtung weniger wert ist als ohne diesen Mangel.

7. Ergebnis: K kann gemäß §§ 437 Nr. 3, 311 a II 1 Schadensersatz von V fordern.

bb) Der Schadensersatzanspruch wegen **nachträglicher Unmöglichkeit** gemäß §§ 437 Nr. 3, 280 I, III, 283 S. 1 hat insbesondere folgende Voraussetzungen:

- Der Verkäufer muss wegen Unmöglichkeit der Mangelbehebung gemäß § 275 I-III von seiner Leistungspflicht frei geworden sein (§ 283 S.1) und das Hindernis darf erst *nach* Abschluss des Kaufvertrags aufgetreten sein.

- Es muss eine Pflichtverletzung des Verkäufers vorliegen, § 280 I 1. Diese liegt darin, dass der Verkäufer dem Käufer entgegen § 433 I S. 2 eine mangelhafte Sache lieferte.

- Vertretenmüssen: Der Anspruch besteht nicht, wenn der Verkäufer die Pflichtverletzung nicht zu vertreten hat, § 280 I 2. Diese Formulierung stellt eine sog. *Beweislastumkehr* dar. Enthält der Sachverhalt also keine Hinweise für ein Nichtvertretenmüssen des Verkäufers, so ist sein Vertretenmüssen zu unterstellen.

- Dem Käufer muss ein *Schaden* entstanden sein.

Liegen die o.g. Voraussetzungen vor, so kann der Käufer den sog. *Mangelschaden* vom Verkäufer ersetzt verlangen. Er kann dabei den oben (S. 47) erläuterten großen oder den kleinen Schadensersatzanspruch geltend machen. Über §§ 283 S. 2, 281 V finden beim *großen* Schadensersatzanspruch („Schadensersatz statt der *ganzen* Leistung") die Rücktrittsvorschriften (§§ 346 bis 348) Anwendung.

Schema: Kann der Käufer wegen eines unbehebbaren Mangels, der erst nach Vertragsschluss entstanden ist, Schadensersatz fordern?
-> §§ 437 Nr. 3, 280 I, III, 283 S. 1

1. Wirksamer Kaufvertrag
2. Pflichtverletzung, § 280 I 1
   a) Verkäufer ist gemäß § 433 I 2 zur Lieferung einer mangelfreien Sache verpflichtet
   b) Die verkaufte Sache hatte bei Gefahrübergang (§§ 446, 447, 476) einen Mangel i.S.d. § 434
   c) Kein Ausschluss der Gewährleistung
      aa) gesetzlicher Ausschluss, §§ 442, 445 BGB, 377 HGB
      bb) vertraglicher Ausschluss evtl. unwirks.: §§ 444, 475, 309 Nr. 8b)
3. Verkäufer hat Pflichtverletzung zu vertreten, §§ 276 I, 278
   -> Wird vermutet, wenn Verkäufer nicht das Gegenteil beweist, § 280 I 2
4. Dem Käufer muss ein Schaden entstanden sein
5. Der Verkäufer ist von seiner Leistungspflicht gemäß § 275 I-III frei geworden, § 283 S. 1; das Leistungshindernis (Mangel) ist erst *nach* Abschluss des Kaufvertrags eingetreten.
6. Beim *großen* Schadensersatzanspruch (Rückgabe der Sache) muss Pflichtverletzung *erheblich* sein, §§ 283 S. 2, 281 I S. 3

Beispiel 60: Hat K in Beispiel 58 gegen V einen Anspruch auf Schadensersatz aus §§ 437 Nr. 3, 280 I, III, 283 S. 1?

K könnte gegen V einen Anspruch auf Schadensersatz aus §§ 437 Nr. 3, 280 I, III, 283 S. 1 haben.

1. Ein wirksamer *Kaufvertrag* wurde zwischen K und V geschlossen.

2. V hat eine *Pflicht verletzt*, indem er dem K entgegen § 433 I 2 einen Wagen mit defekter Zylinderkopfdichtung lieferte. Die defekte Zylinderkopfdichtung stellt einen Sachmangel i.S.d. § 434 dar und bestand zur Zeit des Gefahrübergangs (§ 446). Ein Ausschluss der Gewährleistung ist nicht ersichtlich.

3. Der V hat die Pflichtverletzung mangels gegenteiliger Angaben im Sachverhalt *zu vertreten*, § 280 I 2.

4. Dem K ist ein *Schaden* entstanden, da der Wagen wegen der defekten Zylinderkopfdichtung weniger wert ist als ohne diesen Mangel.

5. Dem V ist es gemäß § 275 I *unmöglich*, den Wagen mangelfrei zu leisten, § 283 S. 1. Das dafür verantwortliche Leistungshindernis (defekte Zylinderkopfdichtung) ist erst *nach* Vertragsschluss eingetreten.

6. Ergebnis: K kann von V Schadensersatz nach §§ 437 Nr. 3, 280 I, III, 283 S. 1 verlangen.

c) Schadensersatz wegen eines Mangelfolgeschadens

Ein sog. *Mangelfolgeschaden* liegt vor, wenn ein Mangel an der gekauften Sache dazu führt, dass eine andere Sache oder ein anderes Rechtsgut des Käufers beschädigt wird.

Beispiel 61: Die K kauft sich bei Händler V einen neuen Wasserkocher. Wegen eines schon bei Übergabe des Kochers vorhandenen Defekts am Stromkabel kommt es zu einem Brand in der Küche. K verlangt nun von V Schadensersatz für die beschädigten Küchenmöbel.

Beispiel 62: Die K kauft sich bei Händler V eine neue Haar-Trocken-haube. Da der Temperaturregler defekt ist, wird die Trockenhaube so heiß, dass K Verbrennungen an ihren Haaren und an ihrer Kopfhaut erleidet.

Der Schadensersatzanspruch wegen eines *Mangelfolge-schadens* gemäß **§§ 437 Nr. 3, 280 I**, hat insbesondere folgende Voraussetzungen:

- Es muss eine Pflichtverletzung des Verkäufers vor-liegen, § 280 I 1. Diese liegt entweder darin, dass der Verkäufer dem Käufer entgegen § 433 I S. 2 eine mangelhafte Sache (§ 434) lieferte (häufigster Fall in Klausuren!), oder darin, dass der Verkäufer eine Schutzpflicht, die er dem Käufer gegenüber hatte (vgl. § 241 II), verletzte.

> **Achtung:** Die Pflichtverletzung besteht nicht direkt in der Schadenszufügung!

- Vertretenmüssen: Der Anspruch besteht nicht, wenn der Verkäufer die Pflichtverletzung nicht zu vertreten hat, § 280 I 2. Diese Formulierung stellt eine sog. *Beweislastumkehr* dar. Enthält der Sachverhalt also keine Hinweise für ein Nichtvertretenmüssen des Verkäufers, so ist sein Vertretenmüssen zu unter-stellen.

- Dem Käufer muss ein *Mangelfolgeschaden* entstanden sein. Nur dieser wird über §§ 437 Nr. 3, 280 I ersetzt!

Schema: Kann der Käufer wegen eines Mangelfolgeschadens Schadensersatz fordern? -> §§ 437 Nr. 3, 280 I

---

1. Wirksamer Kaufvertrag

2. Pflichtverletzung, § 280 I 1
a) Verkäufer ist gemäß § 433 I 2 zur Lieferung einer mangelfreien Sache verpflichtet
b) Die verkaufte Sache hatte bei Gefahrübergang (§§ 446, 447, 476) einen Mangel i.S.d. § 434
c) Kein Ausschluss der Gewährleistung
   aa) gesetzlicher Ausschluss, §§ 442, 445 BGB, 377 HGB
   bb) vertraglicher Ausschluss evtl. unwirks.: §§ 444, 475, 309 Nr. 8b)

3. Verkäufer hat Pflichtverletzung zu vertreten, §§ 276 I, 278
   -> Wird vermutet, wenn Verkäufer nicht das Gegenteil beweist, § 280 I 2

4. Dem Käufer muss ein Mangelfolgeschaden entstanden sein

Beispiel 63: Kann K in den Beispielen 61 und 62 einen *vertraglichen* Schadensersatzanspruch gegen V wegen der beschädigten Küchenmöbel, ihrer Kopfhaut und Haare geltend machen? Zu prüfen ist ein Anspruch aus §§ 437 Nr. 3, 280 I:

K könnte gegen V einen Anspruch auf Schadensersatz aus §§ 437 Nr. 3, 280 I haben.

1. Ein wirksamer *Kaufvertrag* wurde zwischen K und V jeweils geschlossen.

2. V hat eine *Pflicht verletzt*, indem er der K entgegen § 433 I 2 einen defekten Wasserkocher bzw. eine defekte Trockenhaube lieferte. Der Defekt an der Haube und am Wasserkocher stellt einen Sachmangel i.S.d. § 434 dar und bestand bereits zur Zeit des Gefahrübergangs (§ 446). Ein Ausschluss der Gewährleistung ist nicht ersichtlich.

3. Der V hat die Pflichtverletzung mangels gegenteiliger Angaben im Sachverhalt *zu vertreten*, § 280 I 2.

4. Der K ist in beiden Fällen ein *Mangelfolgeschaden* entstanden, da jeweils andere Rechtsgüter (ihre Haare und Kopfhaut bzw. ihre Küchenmöbel) infolge der fehlerhaften Geräte beschädigt worden sind.

5. Ergebnis: K kann von V Schadensersatz für Ihre Haare, Kopfhaut und die Küchenmöbel nach §§ 437 Nr. 3, 280 I verlangen.

56

> **Hinweis:** K hat auch einen *Mangelschaden* erlitten, nämlich dadurch, dass der Wasserkocher bzw. die Trockenhaube einen Defekt hat und somit weniger wert ist, als K dafür gezahlt hat. Dieser Schaden ist aber nicht von §§ 437 Nr. 3, 280 I erfasst. K kann diesen Schaden nur verlangen, wenn die Voraussetzungen eines der drei Ansprüche „statt" der Leistung (vgl. Grafik S. 45) gegeben sind.

> **Hinweis:** Liegt ein Mangelfolgeschaden vor, so ist neben den o.g. *vertraglichen* Ansprüchen vor allem auch an § 823 I (Eigentum, Körper, Gesundheit), an § 823 II und an § 1 I des Produkthaftungsgesetzes zu denken! Geht es um das „Eigentum", ist oft das Stichwort „Weiterfresserschaden" bzw. „weiterfressender Mangel" zu nennen.

5. Der Aufwendungsersatzanspruch, §§ 437 Nr. 3, 284

Anstelle des Schadensersatzes statt der Leistung kann der Käufer grds. Ersatz der Aufwendungen verlangen, die er im Vertrauen auf den Erhalt der Leistung gemacht hat und billigerweise machen durfte. Unter „Aufwendungen" versteht man *freiwillige* Vermögensopfer. Demgegenüber versteht man unter einem „Schaden" ein *unfreiwilliges* Vermögensopfer.

Beispiel 64: Käufer K schließt mit Verkäufer V einen Kaufvertrag über das Gemälde „Sonnenblume". Da das Bild ein ungewöhnliches Format hat, lässt K dafür einen speziellen Rahmen bei C für 200 Euro anfertigen. Bevor das Bild von V an K übergeben wird, wird es aufgrund grober Fahrlässigkeit des V zerstört. – K kann hier grds. die 200 Euro, die er freiwillig für den Rahmen aufgewendet hat (= Aufwendungen) von V ersetzt verlangen.

Beispiel 65: Weitere Beispiele für Aufwendungen sind Kosten, die durch die notarielle Beurkundung eines Grundstückskaufvertrags oder durch den Transport oder den Einbau der mangelhaften Sache entstanden sind.

Daraus, dass der Käufer den Ersatz der Aufwendungen nur „anstelle" (vgl. § 284) des Schadensersatzes statt der Leistung verlangen kann, ergibt sich, dass *alle* Voraussetzungen eines der drei Schadensersatzansprüche statt der Leistung (vgl. Grafik S. 45) vorliegen müssen. Die „richtige" Anspruchsgrundlage sind daher die **§§ 437 Nr. 3, 280 I, III, 281 I S. 1, 284**, wenn der Mangel der gekauften Sache *behebbar ist*, die **§§ 437 Nr. 3, 311a II 1, 284**, wenn der

Mangel der gekauften Sache schon bei *Abschluss des Kaufvertrags unbehebbar* war und die **§§ 437 Nr. 3, 280 I, III, 283 S. 1, 284**, wenn der unbehebbare Mangel *erst nach Abschluss des Kaufvertrags* entstanden ist.

Beispiel 66: In Beispiel 64 liegt aufgrund der Zerstörung des Gemäldes ein *unbehebbarer* Mangel vor. Das Gemälde wurde erst *nach Abschluss des Kaufvertrags* zerstört. Also bilden die §§ 437 Nr. 3, 280 I, III, 283 S. 1, 284 die „richtige" Anspruchsgrundlage für den Anspruch auf Aufwendungsersatz. Das bedeutet insbesondere, dass A *keine Frist* setzen muss!

IV. Verjährung

Nachdem festgestellt wurde, dass der Anspruch des Käufers *entstanden* und *nicht untergegangen* ist, muss im dritten Schritt untersucht werden, ob er auch *durchsetzbar* ist. Nicht durchsetzbar ist der Anspruch des Käufers insbesondere, wenn er gemäß **§ 438 verjährt** ist *und der Verkäufer sich hierauf beruft.* Die Verjährung beginnt gemäß § 438 II bei Grundstücken mit der Übergabe, im Übrigen mit der *Ablieferung* der Sache. Durch das Institut der Verjährung soll verhindert werden, dass der Verkäufer sich noch Jahre oder Jahrzehnte später mit dem Käufer „herumschlagen" muss.

Beispiel 67: Privatmann V verkauft dem K seinen gebrauchten, drei Jahre alten Golf, dessen Fahrgestell schon vor der Übergabe aufgrund eines Unfalls stark verzogen war. V wusste von dem Unfall aber nichts, da er den Wagen ein Jahr vorher von X gekauft und X ihm den Unfall verschwiegen hatte. 25 Monate nach der Übergabe bemerkt K den Schaden, der auf einer Richtbank problemlos beseitigt werden kann. Kann K von V die Reparatur gemäß §§ 437 Nr. 1, 434, 439 verlangen, wenn V sich auf die Verjährung beruft?

K könnte gegen V einen Anspruch auf Reparatur aus §§ 437 Nr. 1, 434, 439 haben.

I. Anspruch entstanden?
1. Ein wirksamer *Kaufvertrag* wurde zwischen K und V geschlossen.
2. Ein *Sachmangel* gemäß § 434 I 2 Nr. 2 zur Zeit des Gefahrübergangs (§ 446 S. 1) liegt vor, da es nicht üblich ist und vom Käufer K auch nicht zu erwarten war, dass ein drei Jahre alter Golf ein verzogenes Fahrgestell hat.

3. Ein *Ausschluss der Gewährleistung* ist nicht ersichtlich. Der Anspruch auf Mängelbeseitigung aus § 439 ist also *entstanden.*

II. Anspruch untergegangen?

Der Anspruch ist nicht gemäß § 275 I *untergegangen*, weil die Reparatur möglich ist.

III. Anspruch durchsetzbar?

V hat die *Einrede* der Verjährung erhoben. Die Verjährung begann gemäß § 438 II mit der Ablieferung des Golfs. Die Verjährungsfrist betrug gemäß **§ 438 I Nr. 3** zwei Jahre. Vorliegend waren aber seit der Ablieferung bereits 25 Monate und damit mehr als zwei Jahre verstrichen. Also ist der Anspruch aus §§ 437 Nr. 1, 434, 439 verjährt. Folglich ist er nicht durchsetzbar. K hat daher gegen V keinen *durchsetzbaren* Anspruch aus §§ 437 Nr. 1, 434, 439.

Beispiel 68: Wie Beispiel 67. Jedoch: Der V hatte dem K bei Vertragsschluss den Unfall arglistig verschwiegen. Als K dies vier Jahre später bemerkt, ruft er sofort bei V an. Kann K von V die Reparatur gemäß §§ 437 Nr. 1, 434, 439 verlangen, wenn V sich auf die Verjährung beruft?

Lösung: Anspruch durchsetzbar? Anders als in Beispiel 67 beträgt die Frist nicht gemäß § 438 I Nr. 3 zwei Jahre, sondern wegen der Arglist des A gemäß **§ 438 III** als *regelmäßige Verjährungsfrist drei Jahre*, § 195. Die regelmäßige Verjährungsfrist beginnt aber gemäß § 199 I erst mit dem Schluss des Jahres, in dem der Anspruch entstanden ist und der Käufer von den den Anspruch begründenden Umständen *Kenntnis erlangt* oder ohne grobe Fahrlässigkeit erlangen müsste. K hat nicht erst nach mehreren Jahren, sondern sofort, nachdem er von den den Anspruch begründenden Umständen (= verzogenes Fahrgestell) Kenntnis erlangt hat, bei V angerufen. Daher ist der Anspruch nicht verjährt. K hat daher gegen V einen Anspruch aus §§ 437 Nr. 1, 434, 439.

Zu beachten ist, dass in § 438 I nur auf § 437 Nr. 1 und Nr. 3 Bezug genommen wird. Für **§ 437 Nr. 2** (Rücktritt und Minderung) gilt § 438 I daher nicht unmittelbar. Für den Rücktritt gelten stattdessen die §§ 438 IV, 218, für die Minderung die §§ 438 V, 218.

Beispiel 69: Wie Beispiel 67. Jedoch: Der K will den Kaufpreis gemäß §§ 437 Nr. 2, 441 mindern. V weigert sich. Besteht der Anspruch des K?

Lösung: Die Minderung ist unwirksam, wenn der *Nacherfüllungsanspruch verjährt* ist und der Verkäufer sich hierauf beruft, §§ 438 V, 218 I 1. Ist der Nacherfüllungsanspruch (§ 439) verjährt? Der Nacherfüllungsanspruch ist hier in zwei Jahren verjährt gemäß § 438 I Nr. 3, II. V hat sich auf die Verjährung berufen. Also kann K von V die Minderung nicht (mehr) verlangen.

Der eine oder andere Händler könnte nun auf die Idee kommen, im Kaufvertrag zu vereinbaren, dass die Verjährungsfrist einfach verkürzt wird. Dies ist jedoch bei einem *Verbrauchsgüterkauf* (§ 474 I) gemäß **§ 475 II** unzulässig, wenn die Vereinbarung zu einer Verjährungsfrist ab dem gesetzlichen Verjährungsbeginn von weniger als zwei Jahren, bei gebrauchten Sachen von weniger als einem Jahr führt.

Fazit: Wenn ein Verbraucher (§ 13) von einem Unternehmer (§ 14) eine *neue Sache* kauft, kann der Verbraucher bei allen Mängeln, die innerhalb von zwei Jahren auftreten, die Rechte aus § 437 geltend machen und hat in den ersten sechs Monaten sogar die Beweislastregel des § 476 auf seiner Seite. Kauft der Verbraucher von einem Unternehmer eine *gebrauchte Sache*, so hat er diese Rechte mindestens ein Jahr lang. Wenn hingegen ein Verbraucher einem anderen Verbraucher eine Sache verkauft, liegt kein Verbrauchsgüterkauf (§ 474 I) vor, so dass eine vertragliche Verkürzung der Verjährungsfrist zulässig wäre.

C. Instruktions-, Aufklärungs-, Rücksichts- oder Schutzpflichten

Wenn der Verkäufer eine **Instruktions-, Aufklärungs-, Rücksichts- oder Schutzpflicht** verletzt, steht dem Käufer ein Schadensersatzanspruch unmittelbar aus §§ 280 I, 241 II zu.

Beispiel 70: Verkäufer V beschädigt bei der Lieferung des neuen Kühlschranks die Haustür sowie die Tapete im Flur der Käuferwohnung. Der Käufer kann diese Schäden ohne Fristsetzung gemäß §§ 280 I, 241 II von V ersetzt verlangen.

D. Verhältnis des Kaufrechts zur Anfechtung

Wenn ein Sachmangel i.S.d. § 434 vorliegt, ist häufig auch ein Anfechtungsgrund i.S.d. **§ 119 II** (Irrtum über eine verkehrswesentliche Eigenschaft) gegeben. Es stellt sich dann die Frage, ob der Käufer anfechten kann.

> Nach h.M. sind die §§ 434 ff. jedoch **Spezialvorschriften,** die die Anwendbarkeit des § 119 II ausschließen. Ansonsten könnte der *Käufer* die speziellen kaufrechtlichen Regelungen (Verjährung, Nachlieferungsrecht des Verkäufers usw.) einfach durch Anfechtung unterlaufen.

Für den *Verkäufer* ist die Anfechtung wegen eines Eigenschaftsirrtums ebenfalls ausgeschlossen, wenn zu befürchten ist, dass er sich dadurch seinen Gewährleistungspflichten entziehen will.

Beispiel 71: K kauft bei Autohändler V einen Neuwagen. Dieser verbraucht jedoch mehr Kraftstoff als im Prospekt des Herstellers angegeben war. Rechte des K?

Lösung: Es liegt ein Sachmangel gemäß § 434 I S. 2 Nr. 2 vor, da die Herstellerangaben gemäß § 434 I 3 zu der Beschaffenheit nach Satz 2 Nr. 2 gehören. K hat also die Rechte aus § 437. Gleichzeitig hat K sich über den Kraftstoffverbrauch und damit über eine verkehrswesentliche Eigenschaft (§ 119 II) des Wagens geirrt. Eine Anfechtung des K wegen § 119 II ist jedoch ausgeschlossen, weil die speziellen kaufrechtlichen Vorschriften sonst umgangen würden.

Beispiel 72: K kauft auf dem Flohmarkt bei V ein Bild für 100 Euro. Als sich herausstellt, dass es sich um einen echten Picasso handelt, erklärt V die Anfechtung des Kaufvertrags gemäß § 119 II. Ist diese zulässig?

Lösung: Grds. ist eine Anfechtung gemäß § 119 II nicht zulässig, weil dadurch die speziellen kaufrechtlichen Vorschriften (§ 434 ff.) umgangen würden. Vorliegend hat jedoch nicht der Käufer, sondern der *Verkäufer* die Anfechtung erklärt. Da nicht zu befürchten ist, dass dem Käufer K auf diese Weise seine Rechte aus § 437 entzogen werden (K wird sich wohl nicht darüber beschweren, dass er statt eines preiswerten Bildes einen echten Picasso gekauft hat!), ist die Anfechtung gemäß § 119 II ausnahmsweise zulässig.

Anders ist es jedoch mit einer Anfechtung nach § 123. Hier hat der arglistig Getäuschte bzw. der Bedrohte immer ein *Wahlrecht*, ob er entweder Ansprüche aus Gewährleistungsrecht (§ 437) geltend macht oder ob er den Vertrag durch Anfechtung „vernichtet". Der Grund für die unterschiedliche Behandlung von § 119 II und § 123 ist, dass jemand, der arglistig täuscht oder widerrechtlich droht, keinen Schutz verdient.

Ist der Vertrag allerdings einmal durch Anfechtung „zu Fall gebracht" worden, können vertragliche Ansprüche, z.B. die Gewährleistung nach § 437, nicht mehr geltend gemacht werden, da sie ja gerade einen wirksamen Vertrag voraussetzen. Es besteht dann meist ein Anspruch aus §§ 985 ff. und aus §§ 812 ff.

Beispiel 73: A droht dem B, dass er ihn verprügeln werde, wenn er ihm nicht seine Rolex verkaufe. Notgedrungen schließt B mit A einen Kaufvertrag und übereignet die Uhr. Später erklärt B die Anfechtung gemäß § 123 I wegen widerrechtlicher Drohung. Welche Herausgabensprüche hat B, wenn er die Anfechtung gemäß § 123 I erklärt?

Lösung: B kann nach § 985 die Uhr herausverlangen, da er nach erfolgter Anfechtung wieder Eigentümer ist. Außerdem besteht ein Anspruch aus § 812 I 1 Alt. 1, da der A die Uhr nach der Anfechtung des Kaufvertrags ohne rechtlichen Grund besitzt.

Nicht durch § 434 ff. verdrängt wird ferner das Anfechtungsrecht gemäß § 119 I, da hier kein Konkurrenzproblem besteht.

Beispiel 74: V will dem K seinen Wagen für 5.000 Euro verkaufen. Er verspricht sich aber und verkauft ihn für 500 Euro. Hier kann V gemäß § 119 I anfechten.

▸ Literatur zu dieser Lektion
📖 Skript **Standardfälle Zivilrecht für Anfänger**
📖 Skript **Standardfälle Zivilrecht für Fortgeschrittene**
📖 Röthel, **Jura** 2002, 621 ff. (Kaufrecht in der Fallbearbeitung)
📖 Coester-Waltjen, **Jura** 2002, 534 ff. (Der Kaufvertrag)
📖 Rohe, **JA** 1994, 290 ff. (Meinungsstreits zu § 447)
📖 Schubel, **JuS** 2002, 313 ff. (Grundl. Kaufrecht)
📖 Westermann, **NJW** 2002, 241 ff. (Grundl. Kaufrecht)
📖 Träger, **JuS** 2005, 503 ff. (Grundfälle zum Sachmangel)
📖 Tiedtke/Schmitt, **JuS** 2005, 583 ff. (Ersatzlief. b. Stückkauf)

Lektion 2: Das Werkvertragsrecht

Ein Werkvertrag liegt vor, wenn sich ein Unternehmer zur Herstellung eines Werkes, der Besteller (= Kunde) zur Entrichtung der vereinbarten Vergütung verpflichtet, § 631 I. Gegenstand des Werkvertrags kann sowohl die Herstellung oder Veränderung einer Sache als auch ein anderer durch Arbeit oder Dienstleistung herbeizuführender Erfolg sein, § 631 II.

Beispiel 1: Ein Werkvertrag liegt typischerweise vor, wenn jemand für einen anderen ein Gutachten erstellt, ein defektes Auto repariert, die Haare schneidet, ein Haus errichtet, das Dach eines Hauses neu deckt oder dort Fenster einbaut.

Abzugrenzen ist der Werkvertrag (§ 631) insbesondere vom Dienstvertrag (§ 611) und von einem Vertrag gemäß § 651:

- Beim Dienstvertrag wird grds. das bloße *Tätigwerden*, beim Werkvertrag hingegen ein konkreter *Erfolg* geschuldet. Der Werkunternehmer ist daher grds. zur (Neu-) Herstellung verpflichtet, solange diese möglich ist.

  Beispiel 2: Als Dachdecker D das Dach fast fertig gedeckt hat, kommt ein Sturm und deckt das Dach wieder ab. D hat den vereinbarten Erfolg noch nicht erreicht und muss daher das Dach erneut decken (§ 631 I). Ein Dienstvertrag liegt hingegen vor, wenn der D vertragsmäßig das fertig gedeckte Dach regelmäßig inspizieren und gegebenenfalls ausbessern soll.

- Ein Vertrag gemäß § 651 (früher: sog. Werklieferungsvertrag) ist gegeben, wenn der Vertrag die Lieferung *herzustellender* oder zu *erzeugender beweglicher Sachen* zum Gegenstand hat. In diesem Fall findet grds. nicht Werkvertrags-, sondern Kaufrecht (§§ 433 ff.) Anwendung.

Beispiel 3: A sieht sich den Katalog des Tischlers T an. Dann vereinbart er mit ihm, dass T ein Bett, Modell „One-Night-Stand", für ihn erstellt. Welches Recht findet Anwendung, wenn das Bett mangelhaft ist?

Lösung: Da A nicht ein fertiges Bett von T kauft, sondern eines herstellen lässt, könnte man zunächst an das Werkvertragsrecht (§ 631) denken. Bei dem Bett handelt es sich jedoch um eine *bewegliche Sache*, die der T *herstellen* und *liefern* soll. Daher findet gemäß § 651 S. 1 grds. nur das *Kaufrecht* Anwendung. Wenn eine *nicht vertretbare Sache* vorliegt, sind gemäß § 651 S. 3 *auch* die §§ 642, 643, 645, 649 und 650 anwendbar. Vertretbare Sachen im Sinne des Gesetzes sind bewegliche Sachen, im Verkehr nach Zahl, Maß oder Gewicht bestimmt zu werden pflegen, § 91. Darunter fallen vor allem Waren aus Serienfertigungen, z.B. Serienmöbel. Eine unvertretbare Sache wäre z.B. ein Maßanzug. Das Bett ist ein Serienmöbel, so dass es eine vertretbare Sache ist. Also ist allein das Kaufrecht (§§ 651 S. 1, 437, 434) anwendbar.

Beispiel 4: A sieht sich den Katalog des Bauunternehmers B an. Dann vereinbart er mit ihm, dass B für ihn ein neues Haus, Modell „Sylt", erstellt. Welches Recht findet Anwendung, wenn das Haus mangelhaft ist?

Lösung: Das von B zu erstellende neue Haus ist *keine bewegliche Sache* i.S.d. § 651 S. 1. Also findet allein Werkvertragsrecht (§§ 634, 633) Anwendung.

Zu unterscheiden sind beim Werkvertrag zwei klausurtypische Fallgruppen:

- **Unmöglichkeit**
  Der Unternehmer und der Besteller haben einen Werkvertrag geschlossen; dem Unternehmer ist es jedoch nicht (mehr) möglich, seine Pflicht aus § 631 I zu erfüllen. Er ist also zur Herstellung des versprochenen Werkes nicht (mehr) in der Lage.

- **Mangelhaftigkeit**
  Der Unternehmer stellt das Werk entsprechend seiner Pflicht aus § 631 I her. Doch schon nach kurzer Zeit zeigt sich, dass das Werk irgendwie mangelhaft ist. Beispiele: Die reparierte Waschmaschine schleudert immer noch nicht, das neu gedeckte Dach ist undicht.

Beide Fallgruppen sollen nun näher betrachtet werden.

A. Die Unmöglichkeit

Wenn der Unternehmer nicht (mehr) in der Lage ist, das Werk herzustellen, ergeben sich meist zwei Fragen: Kann der Besteller vom Unternehmer weiterhin Herstellung des Werks gemäß § 631 I verlangen? Und: Kann der Unternehmer weiterhin vom Besteller Zahlung der vereinbarten Vergütung gemäß § 631 I verlangen?

Regelmäßig geht im Falle der Unmöglichkeit der Anspruch des Bestellers auf Herstellung gemäß § 275 und der Anspruch des Unternehmers auf Zahlung gemäß § 326 I 1 unter.

Beispiel 5: Unternehmer U schließt mit Besteller B einen Werkvertrag. U soll den Motor des VW-Golf des B reparieren. Als B den Golf am nächsten Tag zu U zur Reparatur bringen will, wird er unterwegs in einen Unfall verwickelt. Dabei explodiert der Wagen. Verantwortlich für den Unfall war allein Porschefahrer P. B verlangt von U trotzdem die Reparatur. U verlangt von B Zahlung der vereinbarten Vergütung. Zu Recht?

I. B könnte gegen U einen Anspruch auf Reparatur des Golfs gem. § 631 I haben.

1) Anspruch entstanden? Ja, B und U haben einen wirksamen Werkvertrag geschlossen. Der Anspruch ist also entstanden.

2) Anspruch untergegangen? Der Wagen ist explodiert. Daher ist es dem U unmöglich, den Motor zu reparieren. Daher ist der Anspruch des B gem. § 631 I gemäß § 275 I untergegangen.

II. U könnte gegen B einen Anspruch auf Zahlung der Vergütung gem. § 631 I haben.

1) Anspruch entstanden? Ja, B und U haben einen wirksamen Werkvertrag geschlossen. Der Anspruch ist also entstanden.

2) Anspruch untergegangen? Ja, der Schuldner U muss – wie oben festgestellt - wegen § 275 I nicht an B leisten. Also ist sein Anspruch auf die Gegenleistung gemäß § 326 I 1 untergegangen. Also kann er keine Zahlung von B fordern.

Gemäß § 326 I 1 geht also der Anspruch des Unternehmers auf Zahlung der Vergütung grds. unter, wenn er wegen Unmöglichkeit (§ 275) nicht (mehr) leisten muss. Ausnahmsweise bleibt ihm der Anspruch jedoch in folgenden Fällen erhalten:

- Der Besteller ist für die Unmöglichkeit **allein oder weit überwiegend verantwortlich**, § 326 II 1.

- Das Werk ist **nach der Abnahme** zufällig untergegangen, § 644 I S. 1. Eine *Abnahme* i.s.d. § 640 I ist gegeben, wenn der Besteller das Werk entgegennimmt und erklärt, dass er das Werk als in der Hauptsache vertragsgemäß anerkennt.

- Der Besteller befand sich zum Zeitpunkt des Untergangs des Werks im **Annahmeverzug**, § 644 I S. 2.

- Es ist eine **Versendung** des Werks auf Verlangen des Bestellers nach einem anderen Ort als dem Erfüllungsort erfolgt, §§ 644 II, 447.

- Das Werk ist infolge eines **Mangels** des *von dem Besteller gelieferten Stoffes* oder infolge einer *von dem Besteller für die Ausführung erteilten* **Anweisung** untergegangen, verschlechtert oder unausführbar geworden, § 645 I.

Beispiel 6: Wie Beispiel 5. Jedoch: Nicht Porschefahrer P, sondern allein der B war für den Unfall verantwortlich. Kann U die Vergütung gemäß § 631 I von B fordern?

U könnte gegen B einen Anspruch auf Zahlung der Vergütung gem. § 631 I haben.

1) Anspruch entstanden? Ja, B und U haben einen wirksamen Werkvertrag geschlossen. Der Anspruch ist also entstanden.

2) Anspruch untergegangen? Der Schuldner des Werkes (U) muss – wie oben festgestellt - wegen § 275 I nicht an B leisten. Also ist sein Anspruch auf die Gegenleistung gemäß § 326 I 1 grds. untergegangen. Ausnahmsweise bleibt der Anspruch auf die Vergütung jedoch gemäß § 326 II 1 bestehen, wenn B für die Unmöglichkeit allein verantwortlich war. Laut Sachverhalt war B für den Unfall allein verantwortlich. Also behält U den Anspruch auf die Gegenleistung. Folglich kann U von B Zahlung der Vergütung aus § 631 I fordern.

Beispiel 7: U repariert den Golf in seiner Werkstatt. B holt den fertigen Wagen aber trotz Aufforderung des U nicht ab und gerät so in *Annahmeverzug* (§§ 293 ff.). Dann rast auf dem Betriebsgelände des U ein Porsche in den Golf hinein. Der Golf wird völlig zerstört. Kann U die Vergütung gemäß § 631 I von B fordern? Zu prüfen ist:

U könnte gegen B einen Anspruch auf die Vergütung gem. § 631 I haben.

1) Anspruch entstanden? Ja, U und B haben einen wirksamen Werkvertrag geschlossen. Der Anspruch ist also entstanden.

2) Anspruch untergegangen?
a) In Betracht kommt ein Untergang nach § 326 I 1. § 326 I 1 setzt die Unmöglichkeit gemäß § 275 voraus. Zu prüfen ist also, ob die vereinbarte Leistung unmöglich ist. Der Wagen wurde völlig zerstört. Der U muss daher gemäß § 275 I nicht mehr an B leisten. Also ist sein Anspruch auf die Gegenleistung gemäß § 326 I 1 grds. untergegangen.

b) Ausnahmsweise bleibt der Anspruch auf die Vergütung jedoch gemäß § 644 I Satz 2 bestehen, wenn B sich im *Annahmeverzug* befunden hat. Laut Sachverhalt befand B sich zum Unfallzeitpunkt im Annahmeverzug. Der Untergang war auch weder von B noch von U zu vertreten und somit *zufällig*. Also behält U wegen § 644 I S. 2 den Anspruch auf die Gegenleistung. Folglich kann U von B die Vergütung aus § 631 I fordern.

Beispiel 8: B bringt seine Uhr zu U nach Köln. U repariert sie vertragsgemäß und sendet sie dem B wunschgemäß per Kurier nach München. Während des Transports wird die Uhr durch einen von Porschefahrer P verursachten Unfall zerstört. Kann U die Vergütung gemäß § 631 I von B fordern? Zu prüfen ist:

U könnte gegen B einen Anspruch auf die Vergütung gem. § 631 I haben.

1) Anspruch entstanden? Ja, U und B haben einen wirksamen Werkvertrag geschlossen. Der Anspruch ist also entstanden.

2) Anspruch untergegangen? Der U muss wegen § 275 I nicht mehr an B leisten. Also ist sein Anspruch auf die Gegenleistung gemäß § 326 I 1 grds. untergegangen. Ausnahmsweise bleibt der Anspruch auf die Vergütung jedoch gemäß §§ 644 II, 447 bestehen, wenn deren Voraussetzungen gegeben sind:

a) U müsste das Werk *nach einem anderen Ort* als dem *Erfüllungsort* versandt haben. Erfüllungsort ist gemäß § 269 II grundsätzlich der Ort der Niederlassung des Schuldners, hier also Köln. Die Versendung erfolgte nach München und damit an einen anderen Ort als dem Erfüllungsort. **Hinweis:** Anders ist es, wenn eine *Bringschuld* vorliegt. Dann greifen §§ 644 II, 447 nicht ein!

b) B hat darum gebeten, ihm die Uhr zuzuschicken. Die Versendung erfolgte somit *auf Verlangen* des B.

c) Nach **§ 447 I** ist weiterhin Voraussetzung, dass das Werk dem Spediteur, Frachtführer oder einer sonst mit der Ausführung der Versendung bestimmten Person *übergeben* wird. Dies hat U getan.

d) Der Untergang war auch weder von B noch von U zu vertreten und somit *zufällig*.

e) Durch den Verkehrsunfall liegt auch die ungeschriebene Voraussetzung *der Realisation einer typischen Transportgefahr* vor.

f) Die Voraussetzungen der §§ 644 II, 447 liegen vor. Rechtsfolge ist, dass die Gefahr auf B übergegangen ist. Demnach ist der Vergütungsanspruch nicht gemäß § 326 I 1 entfallen. Der U kann also von B Zahlung der Vergütung aus § 631 I verlangen.

> **Hinweis:** Je nach Fallgestaltung ist hier eine Drittschadensliquidation möglich, vgl. dazu das Skript „Standardfälle Zivilrecht für Fortgeschrittene", Fall 3.

Beispiel 9: B bringt seine Uhr samt Ersatzteilen zu U. U repariert sie vertragsgemäß. Als U die reparierte Uhr erstmals in Gang setzt, wird die Mechanik der Uhr irreparabel beschädigt, da die Ersatzteile mangelhaft waren. Kann U die Vergütung gemäß § 631 I von B fordern?

<u>U könnte gegen B einen Anspruch auf die Vergütung aus § 631 I haben.</u>

1) Anspruch entstanden? Ja, U und B haben einen wirksamen Werkvertrag geschlossen. Der Anspruch ist also entstanden.

2) Anspruch untergegangen? Der U muss wegen § 275 I nicht mehr an B leisten. Also ist sein Anspruch auf die Gegenleistung gemäß § 326 I 1 grds. untergegangen. Ausnahmsweise bleibt der Anspruch auf die Vergütung jedoch gemäß § 645 I 1 bestehen, wenn das Werk vor der Abnahme infolge eines Mangels des von dem Besteller gelieferten Stoffes untergegangen, verschlechtert oder unausführbar geworden ist, ohne dass ein Umstand mitgewirkt hat, den der U zu vertreten hat. B hat dem U mangelhafte Ersatzteile geliefert und so die Unausführbarkeit verursacht. Die Unausführbarkeit trat auch schon *vor* der Abnahme ein. Ein von U zu vertretender Umstand hat dabei nicht mitgewirkt.

Die Voraussetzungen des § 645 I 1 liegen also vor. Demnach ist der Vergütungsanspruch nicht gemäß § 326 I 1 entfallen. Der U kann also von B Zahlung der Vergütung aus § 631 I verlangen.

> **§ 645 I** wird von der Rechtsprechung **analog** angewendet, wenn der Besteller das Werk in einen Zustand oder in eine Lage gebracht hat, die eine Gefährdung des Werks bewirkte und ursächlich für seinen Untergang war.

Beispiel 10: U erstellt für Bauer B eine Scheune. Noch vor Fertigstellung und Abnahme lagert B dort Stroh ein. Das Stroh entzündet sich ohne Verschulden des B. Die Scheune brennt nieder. – Hier hat B allein durch das Einlagern des Strohs die Scheune gefährdet und ihren Untergang verursacht. U kann daher analog § 645 I eine Teilvergütung für die bis zum Niederbrennen der Scheune geleistete Arbeit fordern.

Welche Rechte hat nun ein Besteller, dessen Herstellungsanspruch aus § 631 I unmöglich (§ 275) geworden ist, gegen den Unternehmer? Nun, der Besteller kann unter bestimmten Voraussetzungen gemäß **§ 275 IV** insbesondere

- vom Unternehmer Schadensersatz fordern

- vom Vertrag zurücktreten.

Zu den Einzelheiten wird auf die Ausführungen zum Kaufvertrag (S. 16) verwiesen.

B. Die Mangelhaftigkeit

Nun geht es um die Fälle, in denen der Unternehmer das Werk gemäß seiner Pflicht aus § 631 I herstellt. Jedoch zeigt sich nach einiger Zeit, dass mit dem Werk irgendetwas nicht in Ordnung, es also mit *Mängeln* behaftet ist.

Welche Rechte hat nun der Besteller, wenn das Werk mangelhaft ist? Gemäß **§ 634** kann der Besteller

- nach § 635 **Nacherfüllung** verlangen,

- nach § 637 den Mangel **selbst beseitigen** und Ersatz der erforderlichen Aufwendungen verlangen,

- nach den §§ 636, 323 und 326 Abs. 5 von dem Vertrag **zurücktreten** oder nach § 638 die Vergütung **mindern** und

- nach den §§ 636, 280, 281, 283 und 311a **Schadensersatz** oder nach § 284 Ersatz vergeblicher **Aufwendungen** verlangen.

I. Voraussetzung für diese Rechte ist stets, dass das Werk *mangelhaft* ist. Wann ein Sachmangel vorliegt, ergibt sich aus § 633 II. § 633 II unterscheidet zwischen der

- **Beschaffenheitsabweichung, § 633 II S. 1 oder S. 2**

- **Falsch- bzw. Zuwenigherstellung, § 633 II 3.**

1. Die Beschaffenheitsabweichung

Ob eine *Beschaffenheitsabweichung* gemäß **§ 633 II S. 1** oder **S. 2** vorliegt, ist stets nach folgendem Schema zu prüfen:

> Haben die Parteien eine *Vereinbarung* darüber getroffen, wie das Werk beschaffen sein soll? Falls ja: Liegt eine für den Besteller nachteilige Abweichung der Ist-Beschaffenheit von der vereinbarten Soll-Beschaffenheit vor? Falls ja: Ein Sachmangel gemäß § 633 II 1 ist gegeben!

> Falls die Beschaffenheit *nicht* vereinbart ist: Eignet sich das Werk für die *nach dem Vertrag vorausgesetzte* Verwendung? Falls nein: Ein Sachmangel gemäß § 633 II 2 Nr. 1 ist gegeben!

> Falls sich das Werk für die nach dem Vertrag vorausgesetzte Verwendung eignet: Eignet es sich auch *für die gewöhnliche Verwendung* und weist eine Beschaffenheit auf, die bei Werken der gleichen Art *üblich* ist und die der Besteller nach der Art des Werks *erwarten* kann? Falls nein: Ein Sachmangel gemäß § 633 II 2 Nr. 2 ist gegeben!

Beispiel 11: Fliesenleger F hat neue Fliesen im Badezimmer des Hauseigentümers H gelegt. Einige Tage später sind vier Fliesen schon wieder „abgesprungen". Liegt ein Sachmangel gemäß § 633 II vor?

Lösung: Eine *Vereinbarung* über die Beschaffenheit hatten F und H nicht getroffen, so dass ein Mangel nach § 633 II 1 ausscheidet. Auch wurde im Vertrag keine *bestimmte Verwendung* gemäß § 633 II 2 Nr. 1 vorausgesetzt. Jedoch ist ein Mangel gemäß § 633 II 2 Nr. 2 gegeben, da das Werk sich nicht *für die gewöhnliche Verwendung* eignet und nicht eine Beschaffenheit aufweist, die bei Werken der gleichen Art *üblich* ist und die der Besteller H nach der Art des Werks *erwarten* konnte.

2. Eine *Falsch- bzw. Zuwenigherstellung* gemäß **§ 633 II 3** ist gegeben, wenn der Unternehmer ein anderes als das bestellte Werk oder das Werk in zu geringer Menge herstellt.

Beispiel 12: Fliesenleger F soll im Haus des H in zwei Badezimmern neue Fliesen der Sorte „Venedig" legen. F legt aber nur in *einem* Badezimmer neue Fliesen. Statt der Sorte „Venedig" verwendet F die Sorte „Rom". – Hier liegt wegen des nicht gefliesten Badezimmers eine Zuwenigherstellung und wegen der falschen Fliesensorte eine Falschherstellung gemäß § 633 II 3 vor.

II. Ausschluss der Gewährleistung

Auch dann, wenn ein Sachmangel i.S.d. § 633 vorliegt, kann es vorkommen, dass der Besteller trotzdem nicht die Rechte aus § 634 geltend machen kann. Grund: Die Rechte aus § 634 können ausgeschlossen sein

- **durch eine vertragliche Vereinbarung**
- **durch das Gesetz**

1. Der vertragliche Ausschluss

Manche Unternehmer vereinbaren mit dem Besteller im Werkvertrag den Ausschluss der Gewährleistung. Da die §§ 634 ff. grundsätzlich abdingbar sind, führt dies dazu, dass der Besteller bei späterem Auftreten eines Sachmangels keine Rechte gegenüber dem Unternehmer hat.

Der Besteller hat die Rechte aus § 634 jedoch dann wieder, wenn der Ausschluss der Gewährleistung unwirksam war. Damit der Besteller nicht „über den Tisch gezogen" wird, hat der Gesetzgeber festgelegt, dass der Ausschluss der Gewährleistung unter bestimmten Voraussetzungen unwirksam ist. Wurde die Gewährleistung ausgeschlossen, sind stets folgende Vorschriften zu prüfen:

- **§ 639: Unwirksamkeit wegen Arglist oder Garantie**

- **§ 309 Nr. 8 b): Unwirksamkeit wegen unzulässiger AGB**

Beispiel 13: Fliesenleger F hat neue Fliesen im Badezimmer des Hauseigentümers H gelegt. Einige Tage später sind vier Fliesen schon wieder abgesprungen. Im „Kleingedruckten" auf der Rückseite des Werkvertragformulars steht: „Jegliche Gewährleistung ist ausgeschlossen". F hatte H auf das Kleingedruckte hingewiesen. H war einverstanden gewesen. Hat H die Rechte aus § 634?

H könnte gegen F die Rechte aus § 634 haben.

1. Ein wirksamer Werkvertrag zwischen F und H liegt vor.

2. Ein Sachmangel gemäß § 633 II 2 Nr. 2 ist gegeben (siehe Bsp. 11).

3. H hat die Rechte aus § 634 jedoch nur dann, wenn der Ausschluss der Gewährleistung durch F unwirksam war. Die Unwirksamkeit könnte sich aus § 309 Nr. 8 b) aa) ergeben. Bevor § 309 geprüft wird, muss zunächst festgestellt werden, ob es sich bei der Klausel überhaupt um eine „Allgemeine Geschäftsbedingung" handelt und ob diese wirksam in den Vertrag einbezogen wurde:

a) „Allgemeine Geschäftsbedingungen" sind gemäß **§ 305 I** alle für eine Vielzahl von Verträgen vorformulierten Vertragsbedingungen, die eine Vertragspartei (Verwender) der anderen Vertragspartei bei Abschluss eines Vertrags stellt. Der F hat hier ein Formular verwendet, das für eine Vielzahl von Fällen vorformuliert war. Er hat diese Bedingungen auch nicht mit H ausgehandelt, sondern sie ihm einseitig „gestellt". Allgemeine Geschäftsbedingungen liegen also vor.

b) Die AGB des F sind gemäß **§ 305 II** *wirksam in den Vertrag einbezogen* worden, weil F auf sie hingewiesen, H die Möglichkeit der Kenntnisnahme sowie sein Einverständnis geäußert hatte.

c) Ergebnis: „Allgemeine Geschäftsbedingungen" liegen also vor. Diese wurden auch wirksam in den Vertrag einbezogen.

d) Sind die Voraussetzungen des **§ 309 Nr. 8 b) aa)** gegeben? Nach dieser Vorschrift darf der Verwender (Unternehmer) die Ansprüche aus § 634 nicht *insgesamt* ausschließen. F hat jedoch „jegliche Gewährleistung" ausgeschlossen. Also ist der Ausschluss der Gewährleistung gemäß § 309 Nr. 8 b) aa) unwirksam. Demnach ist die Gewährleistung nicht ausgeschlossen.

e) Ergebnis: H hat gegen F grds. die Rechte aus § 634. Zu den speziellen Voraussetzungen der einzelnen Rechte siehe S. 73 ff.

Hinweis: Gemäß **§ 310 I 1** findet u.a. § 309 keine Anwendung, wenn eine Allgemeine Geschäftsbedingung *gegenüber einem Unternehmer* (§ 14) verwendet wird.

---

2. Der Gewährleistungsausschluss durch das Gesetz

Wenn die Parteien im Werkvertrag die Gewährleistung nicht ausgeschlossen haben, so ist zu prüfen, ob nicht das *Gesetz* einen Gewährleistungsausschluss vorsieht. Gesetzlich ausgeschlossen ist die Gewährleistung gemäß

- **§ 640 II: Abnahme trotz Kenntnis des Mangels**

Beispiel 14: H hat sich in *Beispiel 13* bei der Abnahme die Fliesen genau angesehen. Dabei ist ihm aufgefallen, dass schon zu diesem Zeitpunkt vier Fliesen abgesprungen sind. Trotzdem erklärt er vorbehaltlos die Abnahme. Hat H gegen F die Rechte aus § 634 Nr. 1 bis Nr. 3?

Lösung: Ein wirksamer Werkvertrag wurde zwischen H und F geschlossen. Ein Sachmangel gemäß § 633 II 2 Nr. 2 liegt vor (s.o.). Die Gewährleistung wegen der vier abgesprungenen Fliesen ist jedoch gemäß **§ 640 II** ausgeschlossen, da H das Werk abgenommen hat, obwohl er den Mangel kannte. H hat sich seine Rechte wegen des Mangels bei der Abnahme auch nicht vorbehalten. Daher hat H wegen der vier abgesprungenen Fliesen keine Rechte aus § 634 Nr. 1 bis Nr. 3 gegen F.

Beispiel 15: In Beispiel 14 bemerkt H die vier abgesprungenen Fliesen erst nach der Abnahme. – Hier hatte H *bei* der Abnahme keine Kenntnis von dem Mangel. Daher sind seine Rechte aus § 634 nicht durch § 640 II ausgeschlossen.

III. Rechte des Bestellers

Nun geht es um die Frage, welche **Rechte** der Besteller hat, nachdem festgestellt wurde, dass ein Mangel i.S.d. § 633 vorliegt und die Gewährleistung nicht ausgeschlossen ist.

Gemäß **§ 634** kann der Besteller

1. **nach § 635 Nacherfüllung verlangen,**

2. **nach § 637 den Mangel selbst beseitigen und Ersatz der erforderlichen Aufwendungen verlangen,**

3. **nach den §§ 636, 323 und 326 Abs. 5 von dem Vertrag zurücktreten oder nach § 638 die Vergütung mindern und**

4. **nach den §§ 636, 280, 281, 283 und 311a Schadensersatz oder nach § 284 Ersatz vergeblicher Aufwendungen verlangen.**

1. Die Nacherfüllung, §§ 634 Nr. 1, 633, 635

Das für die Praxis bedeutendste Recht des Bestellers bei Vorliegen von Sachmängeln ist das Recht auf Nacherfüllung. Im Gegensatz zum Kaufrecht, wo der *Käufer* ein Wahlrecht hat (§ 439), kann hier der *Unternehmer* wählen, ob er entweder den Mangel *beseitigt* oder ein *neues Werk* herstellt. Zu beachten ist allerdings, dass der Anspruch auf Nacherfüllung wegen **Unmöglichkeit (§ 275 I)** ausgeschlossen sein kann.

Beispiel 15: U repariert den Motor des Oldtimers des B. Da der Motor nach der Reparatur mangelhaft ist, fordert B von U gemäß §§ 634 Nr. 1, 633, 635 Nacherfüllung. U weist B zutreffend darauf hin, dass dies nun nicht mehr möglich sei, da es keine Ersatzteile mehr gebe. Besteht der Anspruch des B? Zu prüfen ist:

B könnte gegen U einen Anspruch auf die Nacherfüllung gem. §§ 634 Nr. 1, 633, 635 haben.

I. Anspruch entstanden?

1. Ein wirksamer *Werkvertrag* wurde zwischen U und B geschlossen.
2. Ein *Sachmangel* gemäß § 633 II liegt laut Sachverhalt vor.
3. Ein *Ausschluss der Gewährleistung* ist nicht ersichtlich. Der Anspruch auf Nacherfüllung gem. § 635 ist also *entstanden*.

II. Anspruch untergegangen?

Der Anspruch ist gemäß § 275 I *untergegangen*, wenn die Nacherfüllung für den Schuldner U oder für jedermann unmöglich ist. Da es keine Ersatzteile mehr gibt, ist niemand in der Lage, den Motor zu reparieren. Demnach ist der Anspruch auf Nacherfüllung gemäß § 275 I untergegangen. Also hat B gegen U keinen Anspruch auf Nacherfüllung aus §§ 634 Nr. 1, 633, 635.

Der Anspruch auf Nacherfüllung ist nicht durchsetzbar, wenn der Unternehmer gemäß **§ 635 III** die Nacherfüllung verweigert, weil sie nur mit *unverhältnismäßigen Kosten* möglich ist (= Einrede).

Beispiel 16: In *Beispiel 15* kann U zwar ein Ersatzteil für den Oldtimer besorgen und einbauen. Dies wäre aber unverhältnismäßig teuer. Kann B von U Nacherfüllung gemäß §§ 634 Nr. 1, 633, 635 verlangen, wenn U sich wegen der damit verbundenen Kosten weigert? Zu prüfen ist:

B könnte gegen U einen Anspruch auf Nacherfüllung gem. §§ 634 Nr. 1, 633, 635 haben.

I. Anspruch entstanden?

1. Ein wirksamer *Werkvertrag* wurde zwischen U und B geschlossen.
2. Ein *Sachmangel* liegt gemäß § 633 II vor (s.o.).
3. Ein *Ausschluss der Gewährleistung* ist nicht ersichtlich. Der Anspruch auf Nacherfüllung aus § 635 ist also *entstanden*.

II. Anspruch untergegangen?

Der Anspruch ist jedoch gemäß § 275 I *untergegangen*, wenn die Nacherfüllung für den Schuldner U oder für jedermann unmöglich ist. U ist jedoch in der Lage, ein Ersatzteil zu besorgen, einzubauen und so den Motor zu reparieren. Demnach ist der Anspruch auf Nacherfüllung nicht gemäß § 275 I untergegangen.

III. Anspruch durchsetzbar?

Der Anspruch ist nicht durchsetzbar, wenn ihm die Einrede aus § 635 III entgegensteht. U hat hier die Nachlieferung wegen unverhältnismäßiger Kosten verweigert. Daher ist der Anspruch des B auf Nacherfüllung nicht durchsetzbar. B hat gegen U also keinen Anspruch auf Nacherfüllung.

Schema: Der Anspruch auf Nacherfüllung, §§ 634 Nr. 1, 633, 635

I. Anspruch entstanden?
1. Wirksamer Werkvertrag
2. Sachmangel gemäß § 633 II
3. Kein Ausschluss der Gewährleistung
   a) gesetzlicher Ausschluss, § 640 II
   b) vertraglicher Ausschluss evtl. unwirksam: §§ 639, 309 Nr. 8b)
II. Anspruch untergegangen gemäß § 275 I?
III. Anspruch durchsetzbar? -> Einreden: §§ 275 II, III, 635 III, 634a

2. Die Selbstvornahme, §§ 634 Nr. 2, 633, 637

Wenn ein Werk mangelhaft ist und der Unternehmer trotz Aufforderung des Bestellers zur Nacherfüllung untätig bleibt, hat der Besteller grds. das Recht, den Mangel selbst zu beseitigen und Ersatz der erforderlichen Aufwendungen zu verlangen, § 637 I. Er kann dabei sogar einen anderen Unternehmer beauftragen.

Beispiel 17: Bauunternehmer B hat ein Haus errichtet, dessen Kellerwände wasserdurchlässig sind. Hauseigentümer H fordert den B erfolglos auf, diesen Mangel zu beheben. Da B untätig bleibt, beauftragt H das Unternehmen U. U schickt dem H nach verrichteter Arbeit eine Rechnung über 10.000 Euro. Diesen Betrag verlangt H von B als Aufwendungsersatz. Zu Recht?

H könnte gegen B einen Anspruch auf die Aufwendungsersatz aus §§ 634 Nr. 2, 633, 637 haben.

1. Ein wirksamer *Werkvertrag* wurde zwischen H und B geschlossen.

2. Ein *Sachmangel* gemäß § 633 II 2 Nr. 2 liegt vor.

3. Ein *Ausschluss der Gewährleistung* ist nicht ersichtlich.

4. Der H hat dem B erfolglos eine *Frist zur Nacherfüllung* gemäß § 637 I gesetzt.

5. Der H hat 10.000 Euro für die Beseitigung des Mangels aufgewendet.

6. Ergebnis: H kann von B die aufgewendeten 10.000 Euro gemäß §§ 634 Nr. 2, 633, 637 fordern.

Der Besteller muss gemäß § 637 II in folgenden Fällen *keine* Frist setzen:

- Die Voraussetzungen des § 323 II liegen vor (z.B. ernsthafte und endgültige Verweigerung durch den Unternehmer)
- Die Nacherfüllung ist fehlgeschlagen (vgl. § 440 S. 2)
- Die Nacherfüllung ist unzumutbar.

Schema: Der Aufwendungsersatz, §§ 634 Nr. 2, 633, 637

---

1. Wirksamer Werkvertrag
2. Sachmangel gemäß § 633 II
3. Kein Ausschluss der Gewährleistung
 a) gesetzlicher Ausschluss, § 640 II
 b) vertraglicher Ausschluss evtl. unwirksam: §§ 639, 309 Nr. 8b)
4. Frist zur Nacherfüllung erfolglos gesetzt, § 637 I oder Fristsetzung gemäß § 637 II entbehrlich
5. Der Besteller hat Aufwendungen gemacht
6. Kein Verweigerungsrecht des Unternehmers ->§§ 275 II, III, 635 III

---

3. Der Rücktritt, §§ 634 Nr. 3, 633, 323 bzw. § 326 V

Manchmal kommt es vor, dass der Besteller sich über das mangelhafte Werk so sehr ärgert, dass er mit ihm sowie mit dem Unternehmer nichts mehr zu tun haben möchte. Es stellt sich dann die Frage, ob der Besteller ein Rücktrittsrecht geltend machen kann.

Grundsätzlich kann der Besteller nicht schon deswegen zurücktreten, weil er von dem mangelhaften Werk „die Nase voll" hat. Vielmehr muss er zunächst grds. erfolglos eine *angemessene Frist zur Nacherfüllung* gesetzt haben, § 323 I. Der Unternehmer soll so eine letzte Möglichkeit erhalten, dem Besteller das Werk entsprechend seiner Pflicht aus § 633 I frei von Sach- und Rechtsmängeln zu verschaffen.

Als Rechtsgrundlage für das Rücktrittsrecht des Bestellers kommt immer eine der folgenden zwei Normenketten Betracht:

- **§§ 634 Nr. 3, 633, 326 V oder**

- **§§ 634 Nr. 3, 633, 323.**

§ 326 V findet immer dann Anwendung, wenn dem Unternehmer die Nacherfüllung gemäß **§ 275 unmöglich** ist. In diesem Fall ist gemäß § 326 V die Fristsetzung entbehrlich, weil es keinen Sinn machen würde, den Unternehmer zur Nacherfüllung aufzufordern, obwohl er dazu überhaupt nicht in der Lage ist. Ist dem Unternehmer die Nacherfüllung hingegen **möglich**, so ist **§ 323** anzuwenden. Gemäß § 323 I ist dann eine Fristsetzung erforderlich.

Beispiel 18: U repariert den Motor des Oldtimers des B. Der Motor ist nach der Reparatur mangelhaft. U weist B zutreffend darauf hin, dass eine weitere Reparatur nun nicht mehr möglich sei, da es keine Ersatzteile mehr gebe. Welche Normen kommen für einen Rücktritt des B in Betracht?

Lösung: Zu prüfen ist, ob dem A die Nacherfüllung i.S.d. § 635 möglich wäre. Da es keine Ersatzteile mehr gibt, ist die Neuherstellung und die Beseitigung des Mangels (Reparatur) nicht möglich. Es liegt daher Unmöglichkeit gemäß § 275 I vor. Also lautet die richtige Rechtsgrundlage §§ 634 Nr. 3, 633, 326 V.

Beispiel 19: Wie Beispiel 18. Jedoch: Eine Reparatur des Motors wäre problemlos möglich. – Hier lautet die richtige Rechtsgrundlage §§ 634 Nr. 3, 633, 323.

In den meisten Klausuren ist nicht § 326 V, sondern § 323 zu prüfen. Denn anhand des § 323 kann der Prüfer sehen, ob das Regel-Ausnahme-Schema bzgl. der *Fristsetzung* verstanden worden ist. Regelmäßig verlangt der § 323 I wie gesagt, dass der Besteller dem Unternehmer eine *angemessene Frist zur Nacherfüllung* setzt. Ausnahmsweise ist diese jedoch entbehrlich, wenn

- der Unternehmer die Leistung ernsthaft und endgültig verweigert, § 323 II Nr. 1

- der Unternehmer die Leistung zu einem im Vertrag bestimmten Termin oder innerhalb einer bestimmten Frist nicht bewirkt und der Gläubiger im Vertrag den Fortbestand seines Leistungsinteresses an die Rechtzeitigkeit der Leistung gebunden hat, § 323 II Nr. 2

- besondere Umstände vorliegen, die unter Abwägung der beiderseitigen Interessen den sofortigen Rücktritt rechtfertigen, § 323 II Nr. 3

- der Unternehmer die Nacherfüllung gemäß § 635 III verweigert oder wenn die Nacherfüllung fehlgeschlagen oder unzumutbar ist, § 636.

Beispiel 20: Wie Beispiel 19. Jedoch: Der U weigert sich vehement, den Motor zu reparieren. B setzt keine Frist. Kann B trotzdem zurücktreten?

Fraglich ist, ob B gemäß §§ 634 Nr. 3, 633, 323 zurücktreten kann.

1. Ein wirksamer *Werkvertrag* besteht zwischen U und B.

2. Das Werk leidet unter einem *Sachmangel* gemäß § 633 II 2 Nr. 2.

3. Ein *Ausschluss der Gewährleistung* ist nicht ersichtlich.

4. Regelmäßig muss der Besteller dem Unternehmer vor dem Rücktritt erfolglos gemäß § 323 I eine *Frist zur Nacherfüllung* gesetzt haben. B hat jedoch keine solche Frist gesetzt. Gemäß § 323 II Nr. 1 ist eine Fristsetzung jedoch entbehrlich, wenn der Unternehmer die Nacherfüllung ernsthaft und endgültig verweigert. Laut Sachverhalt weigert U sich vehement. Daher war hier die Fristsetzung gemäß § 323 II Nr. 1 entbehrlich.

5. Ergebnis: B kann also zurücktreten gemäß §§ 634 Nr. 3, 633, 323.

Zu beachten ist, dass das Rücktrittsrecht ausgeschlossen ist, wenn

- der Mangel unerheblich ist, § 323 V S. 2.
- der Besteller für den Umstand, der ihn zum Rücktritt berechtigen würde, allein oder weit überwiegend verantwortlich ist, § 323 VI, 1. Alt.
- der vom Unternehmer nicht zu vertretende Umstand zu einer Zeit eintritt, zu welcher der Besteller im Verzug der Annahme ist, § 323 VI, 2. Alt.

Beispiel 21: Reinigungsunternehmer U wäscht den Wagen des B. B entdeckt nach erfolgter Reinigung, dass vorne an der Stoßstange noch zwei Fliegen kleben. Kann B nach erfolgloser Fristsetzung zurücktreten?

Fraglich ist, ob B gemäß §§ 634 Nr. 3, 633, 323 zurücktreten kann.

1. Ein wirksamer *Werkvertrag* besteht zwischen B und dem U.

2. Das Werk leidet wegen der Fliegen unter einem *Sachmangel* gemäß § 633 II 2 Nr. 2.

3. Ein *Ausschluss der Gewährleistung* ist nicht ersichtlich.

4. Regelmäßig muss der Besteller dem Unternehmer vor dem Rücktritt erfolglos gemäß § 323 I eine *Frist zur Nacherfüllung* gesetzt haben. B hat eine solche Frist gesetzt.

5. Der Rücktritt ist jedoch gemäß § 323 V S. 2 ausgeschlossen, weil zwei Fliegen an der Stoßstange als „unerheblich" anzusehen sein dürften.

6. Ergebnis: B kann also nicht zurücktreten gemäß §§ 634 Nr. 3, 633, 323.

In einer Klausur kann das Rücktrittsrecht an verschiedener Stelle im Fallaufbau Bedeutung erlangen:

- Es kann gefragt sein, ob der Besteller zurücktreten kann (vgl. Beispiele 20 und 21).
- Es kann gefragt sein, ob der Unternehmer vom Besteller Zahlung der Vergütung gemäß § 631 I fordern kann. Zu prüfen ist dann, ob der Zahlungsanspruch des Unternehmers durch einen Rücktritt des Bestellers *untergegangen* ist.
- Es kann gefragt sein, ob der Besteller Rückzahlung der bereits an den Unternehmer gezahlten Vergütung verlangen kann.

Beispiel 22: Wie Beispiel 20. B sagt zu U, dass er an der Reparatur nicht mehr interessiert sei und zurücktrete. U, der die Vergütung noch nicht erhalten hat, verlangt weiterhin Zahlung. Zu Recht? Zu prüfen ist:

U könnte gegen B einen Anspruch auf die Vergütung aus § 631 I haben.

I. Anspruch entstanden?
Als Anspruchsgrundlage kommt § 631 I in Betracht. Ein wirksamer Werkvertrag besteht zwischen U und B. Der Anspruch auf Zahlung der Vergütung ist also entstanden.

II. Anspruch untergegangen?

In Betracht kommt ein Untergang durch den Rücktritt des B gemäß §§ 346 I, 634 Nr. 3, 633, 323. Voraussetzung ist, dass B wirksam vom Werkvertrag zurückgetreten ist.

1. Das Werk leidet unter einem *Sachmangel* gemäß § 633 II 2 Nr. 2.

2. Ein *Ausschluss der Gewährleistung* ist nicht ersichtlich.

3. Regelmäßig muss der Besteller dem Unternehmer vor dem Rücktritt erfolglos gemäß § 323 I eine *Frist zur Nacherfüllung* gesetzt haben. Eine solche Fristsetzung ist jedoch im Falle des § 323 II Nr. 1 (Verweigerung durch den Unternehmer) entbehrlich. B musste also wegen der Weigerung des U keine Frist setzen.

4. Der Rücktritt ist *nicht ausgeschlossen.*

5. Eine *Rücktrittserklärung* gemäß § 349 hat der B abgegeben.

6. Ergebnis: Es liegt ein wirksamer Rücktritt des B vor. Also ist der Anspruch des U auf Zahlung der Vergütung aus § 631 I durch den Rücktritt des B untergegangen. U kann also nicht Zahlung der Vergütung von B fordern.

Beispiel 23: Wie Beispiel 20. B sagt zu U, dass er an der Reparatur nicht mehr interessiert sei und zurücktrete. B, der die Vergütung i.H.v. 300 Euro schon an U gezahlt hat, verlangt nun Rückzahlung der 300 Euro. Zu Recht?

B könnte gegen U einen Anspruch auf Rückzahlung aus §§ 346 I, 634 Nr. 3, 633, 323 haben.

I. Anspruch entstanden?

Als Anspruchsgrundlage kommen §§ 346, 634 Nr. 3, 633, 323 in Betracht. Voraussetzung ist, dass B wirksam vom Werkvertrag zurückgetreten ist.

1. Ein wirksamer *Werkvertrag* besteht zwischen U und B.

2. Das Werk leidet unter einem *Sachmangel* gemäß § 633 II 2 Nr. 2.

3. Ein *Ausschluss der Gewährleistung* ist nicht ersichtlich.

4. Regelmäßig muss der Besteller dem Unternehmer vor dem Rücktritt erfolglos gemäß § 323 I eine *Frist zur Nacherfüllung* gesetzt haben. Eine solche Fristsetzung ist jedoch im Falle des § 323 II Nr. 1 (Verweigerung durch den Unternehmer) entbehrlich. B musste also wegen der Weigerung des U keine Frist setzen.

5. Der Rücktritt ist *nicht ausgeschlossen.*

6. Eine *Rücktrittserklärung* gemäß § 349 hat der B abgegeben.
Der Anspruch auf Rückzahlung ist also entstanden.

II. Anspruch untergegangen?

Ein Untergang des Anspruchs ist nicht ersichtlich.

III. Ergebnis: Es liegt ein wirksamer Rücktritt des B vor. Also kann B von U gemäß §§ 346 I, 634 Nr. 3, 633, 323 Rückzahlung der Vergütung in Höhe von 300 Euro fordern.

Hinweis: Besonderheiten bzgl. der Gewährleistung ergeben sich, wenn die Verdingungsordnung für Bauleistungen (VOB/B) anwendbar ist, vgl. § 13 VOB/B.

Schema: Kann der Besteller zurücktreten?
-> §§ 634 Nr. 3, 633, 323 o. 326 V

---

1. **Wirksamer Werkvertrag**
2. **Sachmangel gemäß § 633 II**
3. **Kein Ausschluss der Gewährleistung**
   a) **gesetzlicher Ausschluss, § 640 II**
   b) **vertraglicher Ausschluss evtl. unwirksam: §§ 639, 309 Nr. 8b)**
4. **Fristsetzung, § 323 I; entbehrlich bei § 323 II, § 636, § 326 V**
5. **Kein Ausschluss des Rücktritts, § 323 V S. 2, § 323 VI**

Schema: Kann der Besteller Rückzahlung der bereits gezahlten Vergütung verlangen ?
-> §§ 346 I, 634 Nr. 3, 633, 323 oder 326 V

---

1. **Wirksamer Werkvertrag**
2. **Sachmangel gemäß § 633 II**
3. **Kein Ausschluss der Gewährleistung**
   a) **gesetzlicher Ausschluss, § 640 II**
   b) **vertraglicher Ausschluss evtl. unwirksam: §§ 639, 309 Nr. 8b)**
4. **Fristsetzung, § 323 I; entbehrlich bei § 323 II, § 636, § 326 V**
5. **Kein Ausschluss des Rücktritts, § 323 V S. 2, § 323 VI**
6. **Erklärung des Rücktritts, § 349.**

Schema: Kann der Unternehmer weiterhin gemäß § 631 I Zahlung der Vergütung fordern?

I. Anspruch entstanden? -> Wirksamer Werkvertrag erforderlich!

II. Anspruch untergegangen? -> Wirksamer Rücktritt ?

1. Sachmangel gemäß § 633 II

2. Kein Ausschluss der Gewährleistung
  a) gesetzlicher Ausschluss, § 640 II
  b) vertraglicher Ausschluss evtl. unwirksam: §§ 639, 309 Nr. 8b)

3. Fristsetzung, § 323 I; entbehrlich bei § 323 II, § 636, § 326 V

4. Kein Ausschluss des Rücktritts, § 323 V S. 2, § 323 VI

5. Erklärung des Rücktritts, § 349.

4. Die Minderung, §§ 634 Nr. 3, 633, 638

Manchmal will der Besteller die Vergütung herabsetzen, weil das Werk wegen des Mangels weniger wert ist, als er dafür zu zahlen hat. Für diesen Fall gibt ihm das Werkvertragsrecht die Möglichkeit zu mindern. Voraussetzung für das Minderungsrecht des Bestellers ist allerdings, dass alle Voraussetzungen eines Rücktritts, insbesondere das erfolglose Bestimmen einer Frist zur Nacherfüllung, gegeben sind. Dies steht zwar nicht ausdrücklich in § 638, folgt aber daraus, dass der Besteller die Minderung nur „statt" des Rücktritts wählen kann, vgl. § 638 I 1.

Fazit: Der Besteller kann grds. erst mindern, nachdem er dem Unternehmer erfolglos eine angemessene Frist zur Leistung oder Nacherfüllung bestimmt hat! Außerdem kann der Besteller keine Minderung verlangen, wenn der Rücktritt aus dem Grunde ausgeschlossen ist, dass er gemäß § 323 VI für den Mangel allein oder weit überwiegend verantwortlich ist.

In welcher Höhe kann der Besteller mindern? Die Formel ergibt sich aus § **638 III 1**:

$$\text{Geminderte Vergütung} \quad = \quad \frac{\text{Wert des Werkes mit Mangel} \times \text{vereinbarte Vergütung}}{\text{Wert des Werkes ohne Mangel}}$$

Beispiel 24: Fliesenleger F hat neue Fliesen im Badezimmer des Hauseigentümers H gelegt. Als Vergütung sind 200 Euro vereinbart. Einige Tage später sind zwölf Fliesen schon wieder „abgesprungen". Das Werk hätte ohne die abgesprungenen Fliesen einen Wert von 300 Euro gehabt. Wegen der abgesprungenen Fliesen ist es aber nur 150 Euro wert. Kann H mindern? Wie hoch ist die geminderte Vergütung?

Fraglich ist, ob H mindern kann gemäß §§ 634 Nr. 3, 633, 638.

1. Ein wirksamer *Werkvertrag* wurde zwischen H und F geschlossen.

2. Das Werk leidet unter einem *Sachmangel* gemäß § 633 II 2 Nr. 2 (siehe Beispiel 11).

3. Ein *Ausschluss der Gewährleistung* ist nicht ersichtlich.

4. Da H die Minderung nur „statt" des Rücktritts verlangen kann, muss er grds. zunächst erfolglos eine *Frist setzen*.

5. Die Minderung ist ausgeschlossen, wenn auch der Rücktritt ausgeschlossen wäre, z.B. wegen § 323 VI. Ein derartiger Ausschluss ist aber nicht ersichtlich.

6. Eine *Erklärung* der Minderung (§ 638 I 1) müsste H noch abgeben.

7. Ergebnis: Nach erfolgloser Fristsetzung kann H mindern. Die geminderte Vergütung berechnet sich wie folgt: Geminderte Vergütung = (150 X 200) : 300 = 100 Euro.

Schema: Kann der Besteller mindern? -> §§ 634 Nr. 3, 633, 638

---

1. Wirksamer Werkvertrag
2. Sachmangel gemäß § 633 II
3. Kein Ausschluss der Gewährleistung
  a) gesetzlicher Ausschluss, § 640 II
  b) vertraglicher Ausschluss evtl. unwirksam: §§ 639,
    309 Nr. 8b)
4. Fristsetzung, § 323 I; entbehrlich bei § 323 II, § 636, § 326 V
5. Kein Ausschluss der Minderung gemäß § 323 VI
  (der Ausschlussgrund des § 323 V S. 2 ist nicht anwendbar,
  vgl. § 638 I S. 2!)
6. Erklärung der Minderung, § 638 I 1.

Beim Lesen des Sachverhalts ist genau darauf zu achten, ob der Besteller die Vergütung bereits gezahlt hat oder nicht. Wurde die Vergütung gezahlt, so hat der Besteller einen *Rückzahlungsanspruch* in Höhe der zuviel gezahlten Vergütung aus § 638 IV S. 1.

Beispiel 25: Abwandlung: In Beispiel 24 hat H bereits 200 Euro an F gezahlt. Da H wegen der abgesprungenen Fliesen nur 100,- Euro zu zahlen hat, verlangt er von F 100,- Euro zurück. Dieser Rückzahlungsanspruch ergibt sich aus §§ 346 I, 638 IV, 634 Nr. 3, 633.

Ist im Sachverhalt danach gefragt, ob der Unternehmer trotz der Minderungserklärung des Bestellers weiterhin Zahlung der (noch nicht gezahlten) Vergütung verlangen kann, so ist zu prüfen, in wieweit der Anspruch auf Zahlung der Vergütung durchsetzbar ist (= Einrede!).

Beispiel 26: Wie Beispiel 24. H erklärt nach erfolgloser Fristsetzung die Minderung. Da H die 200,- Euro nach zwei Wochen immer noch nicht überwiesen hat, verlangt F telefonisch Zahlung der Vergütung in Höhe von 200,- Euro. Zu Recht?

F könnte gegen H einen Anspruch auf Zahlung der 200,- Euro gem. § 631 I haben.

I. Anspruch entstanden? Der Anspruch auf Zahlung der Vergütung ist entstanden, wenn ein wirksamer Werkvertrag zwischen H und F geschlossen wurde. Das ist der Fall.

II. Anspruch untergegangen? Der Anspruch ist nicht untergegangen.

III. Anspruch durchsetzbar? Der Anspruch ist in Höhe von 100,- Euro nicht durchsetzbar, wenn H erfolgreich die Minderung erklärt hat.

1. Das Werk leidet unter einem *Sachmangel* gemäß § 633 II 2 Nr. 2.

2. Ein *Ausschluss der Gewährleistung* ist nicht ersichtlich.

3. Da H die Minderung nur „statt" des Rücktritts verlangen kann, muss er grds. zunächst erfolglos eine *Frist* setzen. Dies hat H getan.

4. Die Minderung ist ausgeschlossen, wenn auch der Rücktritt ausgeschlossen wäre, z.B. wegen § 323 VI. Ein derartiger Ausschluss ist aber nicht ersichtlich.

5. Eine *Erklärung* der Minderung (§ 638 I 1) hat H abgegeben.

6. Ergebnis: H hat die Vergütung von 200,- Euro durch seine Erklärung erfolgreich gemindert. Daher ist sie in Höhe von 100,- Euro nicht durchsetzbar. Also kann F nur die restlichen 100,- Euro aus § 631 I von H verlangen.

Hinweis: Besonderheiten bzgl. der Gewährleistung ergeben sich, wenn die Verdingungsordnung für Bauleistungen (VOB/B) anwendbar ist, vgl. § 13 VOB/B.

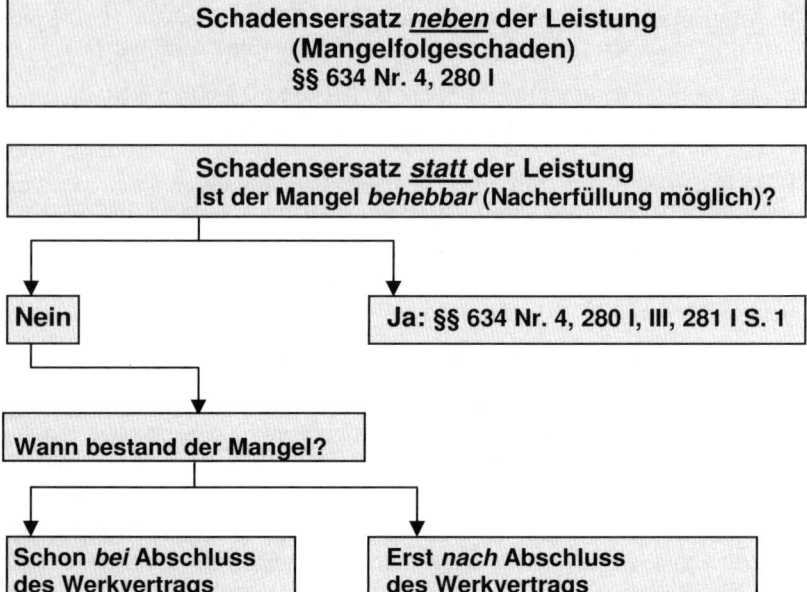

5. Der Schadensersatzanspruch, § 634 Nr. 4

„Den" Anspruch auf Schadensersatz gibt es nicht. Vielmehr existieren *vier* Anspruchsgrundlagen, die unterschiedliche Voraussetzungen haben:

Schadensersatz *neben* der Leistung
(Mangelfolgeschaden)
§§ 634 Nr. 4, 280 I

Schadensersatz *statt* der Leistung
Ist der Mangel *behebbar* (Nacherfüllung möglich)?

Nein

Ja: §§ 634 Nr. 4, 280 I, III, 281 I S. 1

Wann bestand der Mangel?

Schon *bei* Abschluss
des Werkvertrags
§§ 634 Nr. 4, 311a II 1

Erst *nach* Abschluss
des Werkvertrags
§§ 634 Nr. 4, 280 I, III, 283 S. 1

Die Unterscheidung zwischen „behebbarem" und „unbehebbarem" Mangel hat vor allem Bedeutung bzgl. der **Fristsetzung**: Wenn der Unternehmer den Mangel nicht beheben kann, wäre es sinnlos, vom Besteller zu verlangen, dass er zunächst erfolglos eine Frist setzt. Deshalb ist bei einem unbehebbaren Mangel (§§ 634 Nr. 4, 311 a II 1 und §§ 634 Nr. 4, 280 I, III, 283 S. 1) eine Fristsetzung entbehrlich!

a) Schadensersatz statt der Leistung wegen eines *behebbaren* Mangels

Ergibt sich aus dem Sachverhalt, dass der Unternehmer in der Lage ist, den Mangel *zu beheben*, so sind als Anspruchsgrundlage die **§§ 634 Nr. 4, 280 I, III, 281 I S. 1** zu wählen. Sie setzen insbesondere folgendes voraus:

- Ein Sachmangel (§ 633) muss bestehen.

- Der Unternehmer muss gemäß § 280 I eine *Pflicht verletzt* haben. Gemäß § 633 I hat der Unternehmer dem Besteller das Werk frei von Sach- und Rechtsmängeln zu verschaffen. Indem der Unternehmer ein mangelhaftes Werk (§ 633 II) erstellte, verletzte er diese Pflicht.

- Der Unternehmer muss die Pflichtverletzung (Erstellung des mangelhaften Werks) *zu vertreten* haben, § 280 I S. 2 Der Unternehmer hat wie jeder Schuldner grundsätzlich Vorsatz und Fahrlässigkeit zu vertreten, § 276 I. Enthält der Sachverhalt keine Hinweise darauf, dass der Unternehmer die Pflichtverletzung *nicht* zu vertreten hat, so ist wegen der Beweislastregel des § 280 I 2 von einem Vertretenmüssen des Unternehmers auszugehen.

- Dem Besteller muss durch die Pflichtverletzung ein *Schaden* entstanden sein, § 280 I 1.

- Regelmäßig muss der Besteller dem Unternehmer gemäß § 281 I 1 erfolglos eine *angemessene Frist zur Nacherfüllung* gesetzt haben. Entbehrlich ist die Fristsetzung in den Fällen der §§ 281 II, 636.

Liegen die o.g. Voraussetzungen vor, so kann der Besteller den sog. *Mangelschaden* vom Unternehmer ersetzt verlangen:

- Macht der Besteller den sog. **kleinen Schadensersatzanspruch** geltend, so behält er das mangelhafte Werk und erhält vom Unternehmer die Differenz, die sich ergibt, wenn man den Wert des mangelhaften mit dem Wert des mangelfreien Werks vergleicht. Dazu gehören z.B. auch die Kosten, die dem Besteller durch die Beseitigung des Mangels (z.B. durch eine Reparatur in einer Werkstatt) entstanden sind.

- Beim sog. **großen Schadensersatzanspruch** („Schadensersatz statt der *ganzen* Leistung") gibt der Besteller dem Unternehmer das Werk zurück und erhält insbesondere die gezahlte Vergütung wieder. Daneben kann er z.B. die Kosten für eine Ersatzbeschaffung, entgangenen Gewinn usw. verlangen. Zu beachten ist, dass der große Schadensersatzanspruch gemäß § 281 I S. 3 nur dann in Betracht kommt, wenn der Mangel *erheblich* ist. Über § 281 V finden beim großen Schadensersatzanspruch die Rücktrittsvorschriften (§§ 346 bis 348) Anwendung.

Schema: Kann der Besteller wegen eines behebbaren Mangels
Schadensersatz fordern? -> §§ 634 Nr. 4, 280 I, III, 281 I S. 1

1. **Wirksamer Werkvertrag**
2. **Pflichtverletzung, § 280 I 1**
   a) **Unternehmer hat dem Besteller das Werk frei von Sach-**
      und Rechtsmängeln zu verschaffen, § 633 I
   b) **Das Werk hatte einen Mangel i.S.d. § 633 II**
   c) **Kein Ausschluss der Gewährleistung**
      -> vertraglicher Ausschluss evtl. unwirksam: §§ 639, 309 Nr. 8b)
3. **Unternehmer hat Pflichtverletzung zu vertreten,**
   §§ 276 I, 278 -> Wird vermutet, wenn Untern. nicht das
   Gegenteil beweist, § 280 I 2
4. **Dem Besteller muss ein Schaden entstanden sein**
5. **Die Leistung wurde nicht wie geschuldet erbracht, § 281 I 1**
   -> Wurde schon bei Punkt 2. geprüft!
6. **Erfolglose Fristsetzung, § 281 I 1; entbehrlich nach**
   § 281 II, § 636
7. **Beim** *großen* **Schadensersatzanspruch**
   (Rückgabe des Werks) muss Pflichtverletzung *erheblich*
   sein, § 281 I S. 3

Beispiel 27: U repariert erfolglos den VW-Golf-Motor des B. Als B den Mangel bemerkt und ihn dem U mitteilt, weigert sich U hartnäckig, den Mangel abzustellen. Daraufhin lässt B den Wagen bei X reparieren und fordert von U ohne Fristsetzung die Reparaturkosten als Schadensersatz. Zu Recht?

B könnte gegen U einen Anspruch auf Schadensersatz aus §§ 634 Nr. 4 , 280 I, III, 281 I S. 1 haben.

1. Ein wirksamer *Werkvertrag* wurde zwischen B und U geschlossen.

2. U hat eine *Pflicht verletzt*, indem er dem B entgegen § 633 I ein mangelhaftes Werk (§ 633 II 2 Nr. 2) erstellte. Ein Ausschluss der Gewährleistung ist nicht ersichtlich.

3. Der U hat die Pflichtverletzung mangels gegenteiliger Angaben im Sachverhalt *zu vertreten*, § 280 I 2.

4. Dem B ist ein *Schaden* entstanden, da das Werk wegen des Mangels weniger wert ist als ohne diesen Mangel.

5. Wie bereits unter Punkt 2. festgestellt, hat U die Leistung wegen § 633 I nicht wie geschuldet gemäß § 281 I 1 erbracht.

6. Grds. musste B gemäß § 281 I 1 eine *Frist zur Leistung oder Nacherfüllung bestimmen*. Da U sich hartnäckig weigerte, war eine Fristsetzung aber gemäß § 281 II entbehrlich.

7. Ergebnis: Auch ohne Fristsetzung kann B den sog. kleinen Schadensersatz verlangen. Dieser beinhaltet auch die Kosten für die Reparatur bei X.

b) Schadensersatz statt der Leistung wegen eines *unbehebbaren* Mangels

Ergibt sich aus dem Sachverhalt, dass der Unternehmer *nicht* in der Lage ist, den Mangel *zu beheben* bzw. *das Werk neu herzustellen*, so sind als Anspruchsgrundlage entweder die **§§ 634 Nr. 4, 280 I, III, 283 S. 1** oder die **§§ 634 Nr. 4, 311a II 1** zu wählen. Bestand das Leistungshindernis schon *bei Abschluss des Werkvertrags* (sog. *anfängliche Unmöglichkeit)*, so bilden die §§ 634 Nr. 4, 311a II 1 die „richtige" Anspruchsgrundlage. Ist das Leistungshindernis dagegen erst *nach* Abschluss des Werkvertrags entstanden (sog. *nachträgliche Unmöglichkeit)*, so muss auf §§ 634 Nr. 4, 280 I, III, 283 S. 1 zurückgegriffen werden.

Beispiel 28: U vereinbart mit dem B, dass U den Oldtimer des B repariert. U merkt erst nach vergeblicher Reparatur, dass Ersatzteile nicht mehr zu beschaffen sind. Daher kann niemand den Oldtimer reparieren. – Hier ist der Mangel *nicht* behebbar. Unmöglichkeit der Nacherfüllung liegt vor. Sie bestand schon *bei Abschluss* des Werkvertrags. Also lautet die „richtige" Anspruchsgrundlage: §§ 634 Nr. 4, 311a II 1.

Beispiel 29: Wie Beispiel 28. Jedoch existierte zur Zeit des Vertragsabschlusses das für die Reparatur erforderliche Ersatzteil. Der unbehebbare Defekt kommt erst dadurch zustande, dass das Ersatzteil nach Vertragsschluss bei einem Brand zerstört wird. - Hier ist der Mangel *nicht* behebbar. Außerdem bestand die Unmöglichkeit der Nacherfüllung erst *nach* Abschluss des Werkvertrags. Also lautet die „richtige" Anspruchsgrundlage: §§ 634 Nr. 4, 280 I, III, 283 S. 1.

aa) Der Schadensersatzanspruch wegen anfänglicher Unmöglichkeit gemäß §§ 634 Nr. 4, 311a II 1 hat insbesondere folgende Voraussetzungen:

- Der Unternehmer muss wegen eines Leistungshindernisses gemäß § 275 I-III von seiner Leistungspflicht frei geworden sein und das Hindernis muss bereits bei Abschluss des Werkvertrags bestanden haben, § 311a I 1.

- Der Anspruch besteht nicht, wenn der Unternehmer das Leistungshindernis bei Vertragsschluss nicht kannte und seine Unkenntnis auch nicht zu vertreten hat, § 311 a II 2. Diese Formulierung stellt wie § 280 I 2 eine sog. *Beweislastumkehr* dar. Enthält der Sachverhalt also keine Hinweise für die Kenntnis oder nicht zu vertretende Unkenntnis des Unternehmers, so ist sein Vertretenmüssen zu unterstellen.

- Dem Besteller muss ein *Schaden* entstanden sein.

Liegen die o.g. Voraussetzungen vor, so kann der Besteller den sog. *Mangelschaden* vom Unternehmer ersetzt verlangen. Er kann dabei den oben (S. 88) erläuterten großen oder den kleinen Schadensersatzanspruch geltend machen.

Schema: Kann der Besteller wegen eines unbehebbaren Mangels, der schon bei Vertragsschluss bestand, Schadensersatz fordern? -> §§ 634 Nr. 4, 311a II 1

1. **Wirksamer Werkvertrag**
2. **Sachmangel gemäß § 633 II**
3. **Kein Ausschluss der Gewährleistung**
   -> vertraglicher Ausschluss evtl. unwirksam: §§ 639, 309 Nr. 8b)
4. **Leistungsbefreiung des Unternehmers gemäß § 275 I-III wegen Leistungshindernis; das Hindernis muss schon bei Vertragsabschluss bestanden haben**
5. **Kenntnis des Unternehmers vom Hindernis bei Vertrags schluss bzw. von ihm zu vertretende Unkenntnis -> wird vermutet, wenn Untern. nicht das Gegenteil beweist, § 311a II 2**
6. **Dem Besteller muss ein Schaden entstanden sein**

Beispiel 30: Hat B in Beispiel 28 gegen U einen Anspruch auf Schadensersatz aus §§ 634 Nr. 4, 311 a II 1, wenn B den reparierten Oldtimer mit 1.000 Euro Gewinn hätte weiterverkaufen können?

B könnte gegen U einen Anspruch auf Schadensersatz aus §§ 634 Nr. 4, 311a II 1 haben.

1. Ein wirksamer *Werkvertrag* wurde zwischen B und U geschlossen.

2. Der Oldtimer leidet trotz Reparatur unter einem Sachmangel gemäß § 633 II.

3. Ein *Ausschluss der Gewährleistung* ist nicht ersichtlich.

4. Dem U ist es wegen fehlender Ersatzteile gemäß § 275 I nicht möglich, den Oldtimer zu reparieren. Diese *Unmöglichkeit* bestand schon *bei Abschluss* des Werkvertrags.

5. Der Sachverhalt enthält keine Angaben dazu, ob der U bei Vertragsabschluss *Kenntnis bzw. eine von ihm zu vertretende Unkenntnis* bzgl. der Undurchführbarkeit hatte. Da U nichts Gegenteiliges dargelegt hat, ist wegen der Beweislastregel des § 311 a II 2 seine Kenntnis bzw. zu vertretende Unkenntnis zu unterstellen.

6. Dem B ist ein *Schaden* entstanden, da er den Oldtimer mit 1.000 Euro Gewinn hätte weiterverkaufen können.

7. Ergebnis: B kann gemäß §§ 634 Nr. 4, 311 a II Schadensersatz in Höhe von 1.000 Euro von U fordern.

bb) Der Schadensersatzanspruch wegen **nachträglicher Unmöglichkeit** gemäß §§ 634 Nr. 4, 280 I, III, 283 S. 1 hat insbesondere folgende Voraussetzungen:

- Der Unternehmer muss wegen Unmöglichkeit der Mangelbehebung gemäß § 275 I-III von seiner Leistungspflicht frei geworden sein (§ 283 S.1) und das Hindernis darf erst *nach* Abschluss des Werkvertrags aufgetreten sein.

- Es muss eine Pflichtverletzung des Unternehmers vorliegen, § 280 I 1. Diese liegt darin, dass der Unternehmer dem Besteller entgegen § 633 I eine mangelhaftes Werk (§ 633 II) verschaffte.

- Vertretenmüssen: Der Anspruch besteht nicht, wenn der Unternehmer die Pflichtverletzung nicht zu vertreten hat, § 280 I 2. Diese Formulierung stellt eine sog. *Beweislastumkehr* dar.

Enthält der Sachverhalt also keine Hinweise für ein Nichtvertretenmüssen des Unternehmers, so ist sein Vertretenmüssen zu unterstellen.

- Dem Besteller muss ein *Schaden* entstanden sein.

Liegen die o.g. Voraussetzungen vor, so kann der Besteller den sog. *Mangelschaden* vom Unternehmer ersetzt verlangen. Er kann dabei den oben (S. 88) erläuterten großen oder den kleinen Schadensersatzanspruch geltend machen. Über §§ 283 S. 2, 281 V finden beim *großen* Schadensersatzanspruch („Schadensersatz statt der *ganzen* Leistung") die Rücktrittsvorschriften (§§ 346 bis 348) Anwendung.

Schema: Kann der Besteller wegen eines unbehebbaren Mangels, der erst nach Vertragsschluss entstanden ist, Schadensersatz fordern? -> §§ 634 Nr. 4, 280 I, III, 283 S. 1

---

1. Wirksamer Werkvertrag
2. Pflichtverletzung, § 280 I 1
a) Unternehmer hat dem Besteller das Werk frei von Sach- und Rechtsmängeln zu verschaffen, § 633 I
b) Das Werk hatte einen Mangel i.S.d. § 633 II
c) Kein Ausschluss der Gewährleistung
    -> vertraglicher Ausschluss evtl. unwirksam: §§ 639, 309 Nr. 8b)
3. Unternehmer hat Pflichtverletzung zu vertreten, §§ 276 I, 278 > Wird vermutet, wenn Untern. nicht das Gegenteil beweist, § 280 I 2
4. Dem Besteller muss ein Schaden entstanden sein
5. Der Unternehmer ist von seiner Leistungspflicht gemäß § 275 I-III frei geworden, § 283 S. 1; das Leistungshindernis ist erst *nach* Abschluss des Werkvertrags eingetreten.
6. Beim *großen* Schadensersatzanspruch (Rückgabe des Werks) muss Pflichtverletzung *erheblich* sein, §§ 283 S. 2, 281 I S. 3

Beispiel 31: Hat B in Beispiel 29 gegen U einen Anspruch auf Schadensersatz aus §§ 634 Nr. 4, 280 I, III, 283 S. 1, wenn B den reparierten Oldtimer mit 1.000 Euro Gewinn hätte weiterverkaufen können?

B könnte gegen U einen Anspruch auf Schadensersatz aus §§ 634 Nr. 4, 280 I, III, 283 S. 1 haben.

1. Ein wirksamer *Werkvertrag* wurde zwischen U und B geschlossen.

2. U hat eine *Pflicht verletzt*, indem er dem B entgegen § 633 I ein mangelhaftes Werk (§ 633 II) verschaffte. Ein Ausschluss der Gewährleistung ist nicht ersichtlich.

3. Der U hat die Pflichtverletzung mangels gegenteiliger Angaben im Sachverhalt *zu vertreten*, § 280 I 2.

4. Dem B ist ein *Schaden* entstanden, da er den Oldtimer mit 1.000 Euro Gewinn hätte weiterverkaufen können.

5. Dem U ist es gemäß § 275 I *unmöglich*, dem B das Werk mangelfrei zu verschaffen, § 283 S. 1. Das dafür verantwortliche Leistungshindernis ist erst *nach* Vertragsschluss eingetreten.

6. Ergebnis: B kann von U Schadensersatz nach §§ 634 Nr. 4, 280 I, III, 283 S. 1 in Höhe von 1.000 Euro verlangen.

c) Schadensersatz wegen eines Mangelfolgeschadens

> Ein sog. *Mangelfolgeschaden* liegt vor, wenn ein Mangel des Werks dazu führt, dass eine andere Sache oder ein anderes Rechtsgut des Bestellers beschädigt wird.

Beispiel 32: Die B lässt bei U ihren Wasserkocher reparieren. Wegen eines von U falsch montierten Stromkabels kommt es zu einem Brand in ihrer Küche. B verlangt nun von U Schadensersatz für die beschädigten Küchenmöbel.

Beispiel 33: Die B lässt bei U ihre alte Haar-Trockenhaube reparieren. Da der U den Temperaturregler falsch montiert hat, wird die Trockenhaube so heiß, dass B Verbrennungen an ihren Haaren und an ihrer Kopfhaut erleidet.

Der Schadensersatzanspruch wegen eines *Mangelfolgeschadens* gemäß **§§ 634 Nr. 4, 280 I**, hat insbesondere folgende Voraussetzungen:

- Es muss eine Pflichtverletzung des Unternehmers vorliegen, § 280 I 1. Diese liegt darin, dass der Unternehmer dem Besteller entgegen § 633 I ein mangelhaftes Werk (§ 633 II) verschaffte.

- Vertretenmüssen: Der Anspruch besteht nicht, wenn der Unternehmer die Pflichtverletzung nicht zu vertreten hat, § 280 I 2. Diese Formulierung stellt eine sog. *Beweislastumkehr* dar. Enthält der Sachverhalt also keine Hinweise für ein Nichtvertretenmüssen des Unternehmers, so ist sein Vertretenmüssen zu unterstellen.

- Dem Besteller muss ein *Mangelfolgeschaden* entstanden sein. Nur dieser wird über §§ 634 Nr. 4, 280 I ersetzt!

Schema: Kann der Besteller wegen eines Mangelfolgeschadens Schadensersatz fordern? -> §§ 634 Nr. 4, 280 I

1. Wirksamer Werkvertrag
2. Pflichtverletzung, § 280 I 1
a) Unternehmer hat dem Besteller das Werk frei von Sach- und Rechtsmängeln zu verschaffen, § 633 I
b) Das Werk hatte einen Mangel i.S.d. § 633 II
c) Kein Ausschluss der Gewährleistung
   -> vertraglicher Ausschluss evtl. unwirksam: §§ 639, 309 Nr. 8b)
3. Unternehmer hat Pflichtverletzung zu vertreten, §§ 276 I, 278 > Wird vermutet, wenn Untern. nicht das Gegenteil beweist, § 280 I 2
4. Dem Besteller muss ein Mangel*folgeschaden* entstanden sein

---

Beispiel 34: Kann B in den Beispielen 32 und 33 einen *vertraglichen* Schadensersatzanspruch gegen U wegen der beschädigten Küchenmöbel, ihrer Kopfhaut und Haare geltend machen?

B könnte gegen U einen Anspruch auf Schadensersatz aus §§ 634 Nr. 4, 280 I haben.

1. Ein wirksamer Werk*vertrag* wurde zwischen U und B jeweils geschlossen.

2. U hat eine *Pflicht verletzt*, indem er der B entgegen § 633 I einen falsch montierten Wasserkocher bzw. eine falsch montierte Trockenhaube (§ 633 II 2 Nr. 2) verschaffte. Ein Ausschluss der Gewährleistung ist nicht ersichtlich.

3. Der U hat die Pflichtverletzung mangels gegenteiliger Angaben im Sachverhalt *zu vertreten*, § 280 I 2.

4. Der B ist in beiden Fällen ein *Mangelfolgeschaden* entstanden, da jeweils andere Rechtsgüter (ihre Haare und Kopfhaut bzw. ihre Küchenmöbel) infolge der fehlerhaften Montage beschädigt worden sind.

5. Ergebnis: B kann von U Schadensersatz für Ihre Haare, Kopfhaut und die Küchenmöbel nach §§ 634 Nr. 4, 280 I verlangen.

Hinweis: B hat auch eine *Mangelschaden* erlitten, nämlich dadurch, dass der Wasserkocher bzw. die Trockenhaube fehlerhaft repariert wurden und die Reparatur somit weniger wert ist, als B dafür gezahlt hat. Dieser Schaden ist aber nicht von §§ 634 Nr. 4, 280 I erfasst. B kann diesen Schaden nur verlangen, wenn die Voraussetzungen eines der drei Ansprüche „statt" der Leistung (vgl. Grafik S. 86) gegeben sind.

Hinweis: Liegt ein Mangelfolgeschaden vor, so ist neben den o.g. *vertraglichen* Ansprüchen vor allem auch an § 823 I (Eigentum, Körper, Gesundheit) und an § 823 II zu denken!

---

6. Der Aufwendungsersatzanspruch, §§ 634 Nr. 4, 284

Anstelle des Schadensersatzes statt der Leistung kann der Besteller grds. Ersatz der Aufwendungen verlangen, die er im Vertrauen auf den Erhalt der Leistung gemacht hat und billigerweise machen durfte.

Unter **„Aufwendungen"** versteht man *freiwillige* Vermögensopfer. Demgegenüber versteht man unter einem **„Schaden"** ein *unfreiwilliges* Vermögensopfer.

Beispiel 35: Beispiele für Aufwendungen sind Kosten, die durch die *notarielle Beurkundung* eines Grundstückskaufvertrags oder durch den *Transport* oder den *Einbau* des mangelhaften Werkes entstanden sind.

Daraus, dass der Besteller den Ersatz der Aufwendungen nur „anstelle" (vgl. § 284) des Schadensersatzes statt der Leistung verlangen kann, ergibt sich, dass *alle* Voraussetzungen eines der drei Schadensersatzansprüche statt der Leistung (vgl. Grafik S. 86) vorliegen müssen.

IV. Verjährung

Nachdem festgestellt wurde, dass der Anspruch des Bestellers *entstanden* und *nicht untergegangen* ist, muss im dritten Schritt untersucht werden, ob er auch *durchsetzbar* ist. Nicht durchsetzbar ist der Anspruch des Bestellers insbesondere, wenn er gemäß **§ 634a verjährt** ist *und der Unternehmer sich hierauf beruft.* Durch das Institut der Verjährung soll verhindert werden, dass der Unternehmer sich noch Jahre oder Jahrzehnte später mit dem Besteller „herumschlagen" muss.

Die in § 634 Nr. 1, 2 und 4 bezeichneten Ansprüche (= Nacherfüllung, Aufwendungsersatz, Schadensersatz) verjähren gemäß § 634a I

1. in **zwei Jahren** bei einem Werk, dessen Erfolg in der *Herstellung, Wartung oder Veränderung* einer Sache oder in der Erbringung von Planungs- oder Überwachungsleistungen hierfür besteht,

2. in **fünf Jahren** bei einem *Bauwerk* und einem Werk, dessen Erfolg in der Erbringung von Planungs- oder Überwachungsleistungen hierfür besteht,

3. **im Übrigen** in der regelmäßigen Verjährungsfrist (§ 195 = 3 Jahre).

Wenn der Unternehmer den Mangel **arglistig verschwiegen** hat, gilt gemäß § 634a III für Ansprüche aus § 634a I Nr. 1 und Nr. 2 grds. die regelmäßige Verjährungsfrist (§ 195 = 3 Jahre).

Zu beachten ist, dass in § 634a I nur auf die Nrn. 1, 2 und 4 des § 634 Bezug genommen wird. Für **§ 634 Nr. 3** (Rücktritt und Minderung) gilt § 634a I daher nicht unmittelbar. Für den Rücktritt gelten stattdessen die §§ 634a IV, 218, für die Minderung die §§ 634a V, 218.

C. Instruktions-, Aufklärungs-, Rücksichts- oder Schutzpflicht

Wenn der Unternehmer eine **Instruktions-, Aufklärungs-, Rücksichts- oder Schutzpflicht** verletzt, steht dem Besteller ein Schadensersatzanspruch unmittelbar aus §§ 280 I, 241 II zu.

Beispiel 36: Der Geselle G, der für den Meister M als Maler arbeitet, kippt beim Verlassen der Wohnung des Auftraggebers A fahrlässig einen Eimer Farbe um. Dadurch wird der wertvolle Teppich des A beschädigt. A verlangt nun von M Schadensersatz für den Teppich. Zu Recht?

A könnte gegen M einen Anspruch auf Schadensersatz aus §§ 280 I, 241 II haben.

1. Ein *Schuldverhältnis* (Werkvertrag, § 631) bestand zwischen M und A.

2. Eine *Pflichtverletzung* (§ 280 I, 241 II) hat G begangen, indem er den Eimer umkippte. M muss sich diese Pflichtverletzung des G über § 278 zurechnen lassen, da G Erfüllungsgehilfe des M ist.

> **Hinweis:** Nach dem Wortlaut des § 278 wird allein das Verschulden zugerechnet. Nach ganz h.M. wird jedoch - teilweise unter analoger Anwendung des § 278 – auch das die Pflichtverletzung enthaltende Verhalten des Erfüllungsgehilfen zugerechnet.

3. *Vertretenmüssen*, § 280 I 2: Das Verschulden des G (Fahrlässigkeit) wird M ebenfalls über § 278 zugerechnet. A kann daher von M gemäß §§ 280 I, 241 II Schadensersatz für den Teppich fordern.

▶ Literatur zu dieser Lektion

📖 Skript **Standardfälle Zivilrecht für Fortgeschrittene**, Fälle 9 und 10

📖 v. Koppenfels, **JA** 2002, 860 ff. (Werkvertragsrechts-Klausur)

📖 Reinkenhof, **Jura** 2002, 433 ff. (Grundl. Werkvertragsrecht)

📖 Teichmann, **JuS** 2002, 417 ff. (Grundl. Werkvertragsrecht)

Lektion 3: Das Mietvertragsrecht

Das Mietvertragsrecht (§§ 535 ff.) ist in Klausuren und Hausarbeiten viel seltener anzutreffen als das Kauf- und Werkvertragsrecht. Ist das Mietrecht einmal Thema, so ist meistens im Rahmen eines Wohnraummietvertrags eines der folgenden Themen zu erörtern:

1. Welche Rechte hat der Mieter, wenn die Wohnung Mängel aufweist?
2. Unter welchen Voraussetzungen kann der Vermieter den Mietvertrag kündigen?
3. Hat der Vermieter ein Vermieterpfandrecht?

A. Die Rechte des Mieters bei Mängeln der Wohnung

Wenn die Wohnung Mängel aufweist, kann der Mieter grds.

- die vereinbarte Miete, die er gemäß § 535 II an den Vermieter zahlen muss, wegen Mietminderung (§ 536) kürzen;
- Schadensersatz gemäß § 536 a I verlangen;
- unter den Voraussetzungen des § 536a II den Mangel selbst beseitigen und Ersatz der erforderlichen Aufwendungen verlangen;
- den Mietvertrag gemäß § 543 I 1, II 1 Nr. 1 fristlos kündigen.

Beispiel 1: M hat von V eine Wohnung gemietet. Die Wand im Schlafzimmer ist 4 Monate nach dem Einzug plötzlich schimmelig und durch das Dach tropft nun Wasser. Außerdem ist mitten im Winter die Heizung ausgefallen. M informiert den V über den Schimmel, das undichte Dach und die ausgefallene Heizung. Als V untätig bleibt, reduziert M die Miete wie folgt: 20% wegen des Schimmels; 30 % wegen des undichten Dachs; 50 % wegen der ausgefallenen Heizung. M zahlt also gar keine Miete mehr. Kann V Zahlung der vollen Miete verlangen?

V könnte gegen M einen Anspruch auf Zahlung der Miete aus § 535 II haben.

I. Anspruch entstanden?
Ein *Schuldverhältnis* (Mietvertrag, § 535) bestand zwischen V und M. Der Anspruch ist also entstanden.

II. Anspruch untergegangen?

Der Anspruch ist untergegangen, wenn die Voraussetzungen für eine Mietminderung gemäß § 536 I vorliegen. Gemäß § 536 I 1 ist der Mieter für die Zeit, in der die Tauglichkeit der Mietsache wegen eines Mangels *aufgehoben* ist, von der Entrichtung der Miete *befreit*. Für die Zeit, während der die Tauglichkeit *gemindert* ist, hat er nur eine angemessen *herabgesetzte* Miete zu entrichten, § 536 I 2.

1. Ein *Mangel* ist jede für den Mieter nachteilige Abweichung der Ist- von der Sollbeschaffenheit. Der Schimmel, das undichte Dach und die ausgefallene Heizung stellen einen solchen Mangel dar.

2. Diese Mängel minderten die *Tauglichkeit der Wohnung zum vertragsgemäßen Gebrauch* auch, da sie sich u.a. nachteilig auf die Gesundheit auswirken können.

3. Es handelt sich bei den Mängeln auch nicht um eine *unerhebliche Minderung der Tauglichkeit* gemäß § 536 I 3.

4. Das Recht aus § 536 könnte *ausgeschlossen* sein.

a) *Kennt* der Mieter bei Vertragsschluss den Mangel der Mietsache, so stehen ihm die Rechte aus den §§ 536 und 536a gemäß § 536b S. 1 nicht zu. Ist ihm der Mangel infolge grober Fahrlässigkeit unbekannt geblieben, so stehen ihm diese Rechte nur zu, wenn der Vermieter den Mangel arglistig verschwiegen hat, § 536b S. 2. Für eine derartige Kenntnis oder grobfahrlässige Unkenntnis des M liefert der Sachverhalt keine Anhaltspunkte.

b) Der Mieter ist gemäß § 536c I verpflichtet, jeden Mangel, der sich im Laufe der Mietzeit zeigt, dem Vermieter *anzuzeigen*. Soweit der Vermieter infolge der Unterlassung der Anzeige nicht Abhilfe schaffen konnte, ist der Mieter gemäß § 536c II 2 Nr. 1 nicht berechtigt, die in § 536 bestimmten Rechte geltend zu machen. M hat die Mängel jedoch angezeigt. Also ist der Anspruch aus § 536 nicht ausgeschlossen.

5. Ergebnis: Der M musste gemäß § 536 I 2 nur eine herabgesetzte Miete entrichten. Der Umfang (20% + 30% + 50% = 100 %) ist *angemessen*. Also ist der Anspruch des V aus § 535 II gemäß § 536 I untergegangen. V kann nicht Zahlung der (vollen) Miete verlangen.

Beispiel 2: Der Kunstsammler Peter L. (L) gibt dem Galeristen G ein Ölgemälde zur Aufbewahrung. G hängt es in seiner gerade neu gebauten Ferienwohnung auf, die er kürzlich vom Vermieter V gemietet hat. Bei einem heftigen Gewitter dringt Wasser durch das Dach, läuft an der Zimmerwand herunter und beschädigt das Bild. Ein Gutachter stellt fest, dass das Dach bereits bei Abschluss des Mietvertrags undicht war. L verlangt von V Schadenersatz aus dem Mietvertrag. Zu Recht?

L könnte gegen V einen Anspruch aus § 536a I, 1. Alt. auf Schadenersatz haben.

1. L müsste mit V einen *Mietvertrag* geschlossen haben. Ein Mietvertrag bestand jedoch nur zwischen G und V. Zwischen L und V bestand keinerlei vertragliche Beziehung.

2. Der zwischen G und V geschlossene Vertrag könnte aber möglicherweise *Schutzwirkung* zugunsten des L entfalten. Dann müssten folgende Voraussetzungen erfüllt sein:

a) *Leistungsnähe* bedeutet, dass der Dritte mit der Leistung des Schuldners in gleicher Weise in Berührung kommt wie der Gläubiger. Das Bild des L befand sich in der Wohnung des V. Deshalb war es auch für L wichtig, dass es dort nicht aufgrund von Mängeln der Wohnung beschädigt würde. Somit kam L mit der Leistung des V in gleicher Weise in Berührung wie der G. Leistungsnähe ist gegeben.

b) G müsste ein *Interesse* daran haben, den L in den Schutzbereich des Mietvertrags mit *einzubeziehen*. Das Schutzinteresse wird allgemein bejaht, wenn der Gläubiger aufgrund *personenrechtlicher Pflichten*, insbesondere aufgrund familien- oder arbeitsrechtlicher Fürsorgepflichten, für das „*Wohl und Wehe*" des Dritten mitverantwortlich ist (z.B. Ehefrau im Verhältnis zu ihrem Ehemann, Eltern im Verhältnis zu ihrem Kind). Ein derartiges Fürsorgeverhältnis bestand zwischen G und L nicht. Überwiegend wird aber die Ansicht vertreten, dass auch ein *vertragliches Interesse* ausreiche. L und G hatten einen Verwahrungsvertrag geschlossen. Nach § 688 war G zur Aufbewahrung des Bildes verpflichtet. G hatte deshalb ein Interesse daran, dass L in den Vertrag einbezogen wurde.

c) Für den V müsste bei Vertragsschluss *erkennbar* gewesen sein, dass L in den Vertrag mit einbezogen werden sollte. Da V *kein gewerbliches Lager*, sondern eine Ferienwohnung vermietet hatte, konnte er aber nicht damit rechnen, dass G ein wertvolles Gemälde des L in der Wohnung aufbewahren würde. Erkennbarkeit ist somit nicht gegeben. Die Voraussetzungen des Vertrags mit Schutzwirkung zugunsten Dritter sind somit nicht erfüllt.

3. Ergebnis: L hat also gegen V keinen Anspruch auf Schadenersatz aus § 536a I Satz 1, 1. Alt.

L könnte gegen V einen Anspruch aus § 536a I, 1. Alt. i.V.m. den Grundsätzen der Drittschadensliquidation auf Schadenersatz haben.

1. G müsste einen *Anspruch, aber keinen Schaden* haben. Das Dach war bereits *bei Abschluss des Mietvertrags* mangelhaft. Auf ein Verschulden kommt es bei § 536a I Satz 1, 1. Alt. nicht an. G hat also einen Anspruch aus § 536a I, 1. Alt. Da das Bild dem L gehört, hat G aber keinen Schaden.

2. L müsste einen *Schaden, aber keinen Anspruch* haben. Dem L ist aus der Vertragsverletzung ein Schaden (Beschädigung des Bildes) entstanden. Wie bereits dargelegt, hat er aber keinen Anspruch gegen V.

3. Das Auseinanderfallen von Anspruch und Schaden muss aus der Sicht des Schädigers *zufällig* sein. Das ist insbesondere bei der gewohnheitsrechtlich anerkannten Fallgruppe *„Obhut für fremde Sachen"* der Fall, die hier einschlägig ist. Die Voraussetzungen der Drittschadensliquidation sind demnach erfüllt.

4. Rechtsfolge ist, dass der bei L eingetretene Schaden zur Anspruchsgrundlage des G gezogen wird und G entweder den Schaden des L bei V liquidiert oder der L aus abgetretenem Recht gegen den V vorgeht.

Beispiel 3: G mietet von V eine Wohnung. Als der Mietvertrag geschlossen wird, ist das Dach dicht. Das Dach wird erst sechs Wochen später undicht und beschädigt ein Gemälde des G. V weist jede Schuld von sich, da er das Dach regelmäßig habe kontrollieren lassen. Kann G für das beschädigte Gemälde Schadensersatz aus dem Mietvertrag fordern?

Lösung: Der Anspruch könnte sich aus § 536a I ergeben. Entsteht ein Mangel *nach Vertragsschluss* wegen eines Umstands, den der Vermieter *zu vertreten* hat, oder kommt der Vermieter mit der Beseitigung eines Mangels *in Verzug*, so kann der Mieter unbeschadet der Rechte aus § 536 Schadensersatz verlangen. Hat V die Undichtigkeit zu vertreten? Wie jeder Schuldner hat V gemäß § 276 I grds. Vorsatz und Fahrlässigkeit zu vertreten. V hat das Dach regelmäßig kontrollieren lassen, so dass er weder vorsätzlich noch fahrlässig gehandelt hat. Also hat er den Mangel (Undichtigkeit) nicht zu vertreten. Folglich kann G nicht von V Schadensersatz aus § 536a I fordern.

Hinweis: Neben § 536a I ist meistens der Anspruch aus § 823 I (Verletzung des Eigentums an der beschädigten Sache) zu prüfen.

Beispiel 4: Kann der M in *Beispiel 1* den Mietvertrag kündigen, wenn die Mängel (Heizung, Schimmel, Dach) innerhalb von 3 Tagen behoben werden können? Zu prüfen sind:

1. Kündigungserklärung: M muss die Kündigung gegenüber V erklären.

2. Kündigungsgrund: Ein Kündigungsgrund könnte sich aus § 543 I ergeben. Gemäß § 543 II 1 Nr. 1 liegt ein wichtiger Grund insbesondere vor, wenn dem Mieter der vertragsgemäße Gebrauch der Mietsache ganz oder zum Teil nicht rechtzeitig gewährt wird. Diese Voraussetzung ist hier gegeben. Allerdings muss der Mieter grds. zunächst eine zur Abhilfe bestimmte angemessene Frist setzen, § 543 III 1. Ausnahmsweise ist eine derartige Fristsetzung gemäß §§ 543 III 2 Nr. 2, 569 I entbehrlich, wenn der gemietete Wohnraum so beschaffen ist, dass seine Benutzung mit einer erheblichen Gefährdung der Gesundheit verbunden ist. Diese Gefährdung muss auf einer dauernden Eigenschaft der Räume beruhen und darf nicht leicht behebbar sein. Hier können die Mängel innerhalb von 3 Tagen abgestellt werden. Also verbleibt es bei dem Grundsatz, dass M zunächst gemäß § 534 III 1 eine zur Abhilfe bestimmte angemessene Frist setzen muss.

3. Kündigungsfrist: Normalerweise muss bei einer Kündigung die Kündigungsfrist beachtet werden. § 543 I regelt jedoch einen Fall der fristlosen Kündigung. Eine Kündigungsfrist besteht daher nicht.

B. Das Kündigungsrecht des Vermieters

Wenn der Vermieter dem Mieter kündigen möchte, so ist zu unterscheiden zwischen der *außerordentlichen fristlosen* Kündigung aus wichtigem Grund gemäß § 543 und der *ordentlichen Kündigung* gemäß §§ 573 ff.

I. Außerordentliche fristlose Kündigung

Die außerordentliche fristlose Kündigung gemäß **§ 543** setzt nicht die Einhaltung einer *Frist*, jedoch eine *Kündigungserklärung* des Vermieters und einen *Kündigungsgrund* voraus. Dieser liegt insbesondere vor, wenn

- der Mieter die Rechte des Vermieters dadurch in erheblichem Maße verletzt, dass er die Mietsache durch Vernachlässigung der ihm obliegenden Sorgfalt erheblich *gefährdet* oder sie unbefugt *einem Dritten überlässt*, § 543 I, II 1 Nr. 2

- der Mieter mit Zahlung der Miete in *Verzug* kommt, § 543 I, II 1 Nr. 3.

Beispiel 5: Mieter M vermietet die von V gemietete Wohnung weiter an den X. - Hier ist ein Kündigungsgrund gemäß § 543 I, II 1 Nr. 2 gegeben. Grundsätzlich ist die Kündigung jedoch erst nach erfolglosem Ablauf einer zur Abhilfe bestimmten angemessenen Frist oder nach erfolgloser Abmahnung zulässig, § 543 III 1.

Beispiel 6: Mieter M ist mit der Miete für die Monate April und Mai in Verzug. - Hier ist ein Kündigungsgrund gemäß § 543 I, II 1 Nr. 3 a) gegeben. Die Kündigung ist jedoch gemäß § 543 II 2 ausgeschlossen, wenn der Vermieter vorher durch Zahlung befriedigt wird.

Beispiel 7: Mieter M, der monatlich 400,- Euro Miete zu zahlen hat, schuldet dem Vermieter V für den Monat April noch 200 Euro, für den Juni noch 300 Euro und für den Juli und August jeweils 150,- Euro. - Hier ist ein Kündigungsgrund gemäß § 543 I, II 1 Nr. 3 b) gegeben, da sich der Verzug über mehr als zwei Termine erstreckt und den Betrag für zwei Monatsmieten (= 800 Euro) erreicht. Die Kündigung ist jedoch gemäß § 543 II 2 ausgeschlossen, wenn der Vermieter vorher durch Zahlung befriedigt wird.

II. Ordentliche Kündigung

Die **ordentliche Kündigung** setzt eine *schriftliche* (§ 568 I) *Kündigungserklärung* unter Angabe der *Gründe* (§ 573 III), die Einhaltung der *Kündigungsfrist* und ein *berechtigtes Interesse des Vermieters* an der Beendigung des Mietverhältnisses (§ 573 I 1) voraus. Ein solches liegt insbesondere vor, wenn

- der Mieter seine vertraglichen Pflichten schuldhaft nicht unerheblich verletzt hat, § 573 II Nr. 1

- der Vermieter die Räume als Wohnung für sich, seine Familienangehörigen oder Angehörige seines Haushalts benötigt, sog. *Eigenbedarf*, § 573 II Nr. 2

- der Vermieter durch die Fortsetzung des Mietverhältnisses an einer angemessenen wirtschaftlichen Verwertung des Grundstücks gehindert und dadurch erhebliche Nachteile erleiden würde, § 573 II Nr. 3.

Beispiel 8: Eine nicht unerhebliche Vertragsverletzung gemäß § 573 II Nr. 1 liegt z.B. vor, wenn der Mieter den Vermieter belästigt oder wiederholt seine Miete nicht fristgemäß gezahlt hat.

Beispiel 9: V hat dem M ein ihm gehörendes Haus vermietet. Als V in Geldnot gerät, verkauft er das Haus an X. X tritt nun gemäß § 566 I (Kauf bricht nicht Miete) an Stelle des V in die sich aus dem Mietverhältnis ergebenden Rechte und Pflichten ein, ist also der „neue" Vermieter des M. Da er selbst das Haus bewohnen möchte, kündigt er dem M gemäß § 573 II Nr. 2 wegen Eigenbedarfs.

Hinweis: Sofern an vermieteten Wohnräumen nach der Überlassung an den Mieter *Wohnungseigentum* begründet und das Wohnungseigentum veräußert worden ist, so muss § 577a beachtet werden! Wohnungseigentum ist gemäß § 1 II WEG das Sondereigentum an einer Wohnung in Verbindung mit dem Miteigentumsanteil an dem gemeinschaftlichen Eigentum, zu dem es gehört. Wohnungseigentum liegt typischerweise dann vor, wenn ein Haus mit mehreren Wohnungen nicht einer Person allein gehört, sondern jede Wohnung einen anderen Eigentümer hat.

Die *Kündigungsfrist* ergibt sich regelmäßig aus § 573c I 1: Die Kündigung ist spätestens am dritten Werktag eines Kalendermonats zum Ablauf des übernächsten Monats zulässig.

Beispiel 10: Vermieter V kündigt den Mietvertrag **a)** am Montag, den 02.10., **b)** am Freitag, den 06.10. Wann endet jeweils der Mietvertrag?

Lösung: In Variante **a)** hat V am ersten Werktag des Monats Oktober gekündigt. Der nächste Monat ist der November, der übernächste Monat der Dezember. Mit Ablauf des Dezembers endet der Mietvertrag. In Variante **b)** hat V den Monat Oktober "verpasst", da er erst *nach dem dritten Werktag* des Monats Oktober gekündigt hat. Die Berechnung beginnt also am dritten Werktag des Monats November. Der nächste Monat ist der Dezember, der übernächste Monat der Januar. Mit Ablauf des Januars endet der Mietvertrag.

Die Kündigungsfrist (nur) für den *Vermieter* verlängert sich gemäß § 573 c I 2 nach fünf und acht Jahren seit der Überlassung des Wohnraums um jeweils drei Monate.

Beispiel 11: Wenn der Mieter seit mindestens fünf Jahren in der Wohnung wohnt, endet der Mietvertrag erst ca. 6 Monate nach der Kündigung des Vermieters. Wohnt der Mieter seit acht Jahren in der Wohnung, endet der Mietvertrag erst nach ca. 9 Monaten.

Nicht erforderlich ist ein berechtigtes Interesse des Vermieters (§ 573 I 1) insbesondere, wenn

- der Vermieter mit dem Mieter *in einem Gebäude wohnt, das nicht mehr als zwei Wohnungen* hat, § 573 a I,

- der vermietete Wohnraum sich *innerhalb der Vermieterwohnung* befindet (z.B. ein Zimmer), § 573 a II

- der Wohnraum nur zum *vorübergehenden Gebrauch* vermietet ist, § 549 II Nr. 1,

- der Wohnraum Teil der vom Vermieter selbst bewohnten Wohnung ist und der Vermieter ihn überwiegend mit *Einrichtungsgegenständen* auszustatten hat (= möblierter Wohnraum), § 549 II Nr. 2,

- Wohnraum in einem Studenten- oder Jugendwohnheim vermietet wird, § 549 III.

Bei möbliertem Wohnraum gilt ferner eine *kürzere* Kündigungsfrist: Die Kündigung ist spätestens am 15. eines Monats *zum Ablauf dieses Monats* zulässig, § 573 c III. Sinn und Zweck der meisten o.g. Erleichterungen für den Vermieter ist es unter anderem, dass dieser die Möglichkeit hat, einen Mieter, der z.B. den Hausfrieden stört, schnell wieder „loszuwerden". Er soll sich nicht monatelang mit einem unangenehmen Nachbarn oder gar Mitbewohner „herumschlagen" müssen.

C. Das Pfandrecht des Vermieters, § 562

Der Vermieter sichert sich üblicherweise dadurch ab, dass er vom Mieter eine Kaution verlangt, die er (der Vermieter) gemäß § 551 III 1 grds. bei einem Kreditinstitut zu dem für Spareinlagen mit dreimonatiger Kündigungsfrist üblichen Zinssatz anzulegen hat. Daneben hat der Vermieter für seine Forderungen aus dem Mietverhältnis ein Pfandrecht an den eingebrachten Sachen des Mieters, § 562 I 1.

Es erstreckt sich nicht auf die Sachen, die der Pfändung nicht unterliegen, § 562 I 2. Das Pfandrecht entsteht also nur unter folgenden Bedingungen:

- Die Forderung des Vermieters muss *aus dem Mietverhältnis* stammen

- Es entsteht nur an Sachen, die der Mieter *eingebracht* hat

- Es muss sich um eine *Sache des Mieters* handeln, d.h. er muss *Eigentümer* der jeweiligen Sache sein

- Es muss sich bei der eingebrachten Sache um eine solche handeln, die *pfändbar* ist.

In einer Klausur kann das Vermieterpfandrecht an folgenden Stellen im Fallaufbau Bedeutung erlangen: Es kann zu prüfen sein, ob

- der Vermieter dem Herausgabeverlangen des Mieters aus § 985 ein Recht zum Besitz (§ 986) entgegenhalten kann. Der Vermieter hat dieses Recht, wenn er ein Vermieterpfandrecht an den Sachen des Mieters erworben hat.

- der Vermieter die Sachen gemäß §§ 1257, 1228, 1231 herausverlangen und verkaufen darf.

- der Vermieter gemäß § 562 b I verhindern darf, dass aus der Wohnung Sachen entfernt werden bzw., ob er entfernte Sachen wieder herausverlangen darf, § 562 b II.

Beispiel 12: Der Sozialhilfeempfänger M hat 10 Monate lang keine Miete mehr an Vermieter V gezahlt. 4.000 Euro sind noch offen. Dann zieht M aus, ohne seine Sachen aus der Wohnung mitzunehmen. V nimmt sie gemäß § 562 b I 2 in seinen Besitz. Als M die Sachen bei V abholen will, verweigert der V die Herausgabe. M verlangt von V gemäß § 985 Herausgabe seines Bettes, seiner Kleidung und seiner alten Kaffeemaschine. Zu Recht?

M könnte gegen V einen Anspruch auf Herausgabe des Bettes, der Kleidung und der Kaffeemaschine aus § 985 haben.

I. Das Bett, die Kleidung und die Kaffeemaschine sind *Sachen* gemäß § 90 BGB.

II. Der M ist *Eigentümer*, der V *Besitzer* (§ 854 I) der Sachen.

III. Der V hat gegenüber M ein *Recht zum Besitz* gemäß § 986 I 1, wenn er ein Vermieterpfandrecht gemäß § 562 daran erworben hat.

1. Zwischen M und V bestand ein wirksamer *Mietvertrag*.

2. V hatte gegen M eine *Forderung* von 4.000 Euro aus dem Mietvertrag.

3. Der M hat das Bett, die Kleidung und die Kaffeemaschine in die Wohnung *eingebracht*, indem er sie bei seinem Einzug mit seinem Willen in die Räume brachte.

4. Die Sachen standen und stehen im *Eigentum* des M.

5. Das Pfandrecht ist gemäß § 562 I 2 nicht entstanden, wenn das Bett, die Kleidung und die Kaffeemaschine *unpfändbar* sind. Gemäß **§ 811 I Nr. 1 ZPO** sind der Pfändung nicht unterworfen die dem persönlichen Gebrauch oder dem Haushalt dienenden Sachen, insbesondere Kleidungsstücke, Wäsche, Betten, Haus- und Küchengerät, soweit der Schuldner ihrer zu einer seiner Berufstätigkeit und seiner Verschuldung angemessenen, bescheidenen Lebens- und Haushaltsführung bedarf. Die genannten Gegenstände sind damit unpfändbar, so dass der V kein Pfandrecht an ihnen gemäß § 562 I erworben hat. Also hat er kein Recht zum Besitz gemäß § 986 I 1. Demnach kann M von V Herausgabe des Bettes, der Kleidung und der alten Kaffeemaschine gemäß § 985 verlangen.

Beispiel 13: Wie *Beispiel 12*. Jedoch: Der M nimmt seine Sachen, u.a. ein teures Gemälde, beim Auszug mit. V ist einverstanden. Dann kommt V auf die Idee, dass er das Gemälde gemäß §§ 1231, 1257 von M herausverlangen und dann verkaufen könnte. Hat V dieses Recht?

V könnte einen Anspruch auf Herausgabe des Gemäldes aus §§ 1231, 1257 haben.

Voraussetzung ist, dass V am Gemälde ein Vermieterpfandrecht (§ 562) erworben und dieses nicht wieder verloren hat.

I. Entstehung eines Vermieterpfandrechts

1. Zwischen M und V bestand ein wirksamer *Mietvertrag*.

2. V hatte gegen M eine *Forderung* von 4.000 Euro aus dem Mietvertrag.

3. Der M hat das Gemälde in die Wohnung *eingebracht*, indem er es bei seinem Einzug mit seinem Willen in die Räume brachte.

4. Das Gemälde stand und steht im *Eigentum* des M.

5. Das Pfandrecht ist gemäß § 562 I 2 nicht entstanden, wenn das Gemälde *unpfändbar* ist. Gemäß **§ 811 I Nr. 1 ZPO** sind der Pfändung nicht unterworfen die dem persönlichen Gebrauch oder dem Haushalt dienenden Sachen, insbesondere Kleidungsstücke, Wäsche, Betten, Haus- und Küchengerät, *soweit der Schuldner ihrer zu einer seiner Berufstätigkeit und seiner Verschuldung angemessenen, bescheidenen Lebens- und Haushaltsführung bedarf.* Bei dem Gemälde handelt es sich nicht um eine Sache, die M für eine seiner Berufstätigkeit und seiner Verschuldung angemessene, bescheidene Lebens- und Haushaltsführung benötigt. Es ist damit pfändbar, so dass der V ein Pfandrecht an ihm gemäß § 562 I erworben hat.

II. Erlöschen des Pfandrechts

Das Pfandrecht ist gemäß § 562 a erloschen, weil M das Gemälde mit Wissen und Einverständnis des V aus der Wohnung entfernt hat. Also hat V keinen Anspruch auf Herausgabe des Gemäldes aus §§ 1231, 1257.

Beispiel 14: Wie *Beispiel 12*. Jedoch: Der M bezahlt die noch ausstehenden 4.000 Euro und verlangt von V insbesondere die Herausgabe des Gemäldes. V weigert sich. Zu Recht?

M könnte gegen V einen Anspruch auf Herausgabe des Gemäldes aus § 985 haben.

I. Das Gemälde ist eine *Sache* gemäß § 90 BGB.

II. Der M ist *Eigentümer*, der V *Besitzer* (§ 854 I) des Gemäldes.

III. Der V hat gegenüber M ein *Recht zum Besitz* gemäß § 986 I 1, wenn er ein Vermieterpfandrecht gemäß § 562 daran erworben hat.

1. Entstehung eines Vermieterpfandrechts

a) Zwischen M und V bestand ein wirksamer *Mietvertrag*.

b) V hatte gegen M eine *Forderung* von 4.000 Euro aus dem Mietvertrag.

c) Der M hat das Gemälde in die Wohnung *eingebracht*, indem er es bei seinem Einzug mit seinem Willen in die Räume brachte.

d) Das Gemälde stand und steht im *Eigentum* des M.

e) Das Pfandrecht ist gemäß § 562 I 2 nicht entstanden, wenn das Gemälde *unpfändbar* (§ 811 I Nr. 1 ZPO) ist. Bei dem Gemälde handelt es sich nicht um eine Sache, die M für eine seiner Berufstätigkeit und seiner Verschuldung angemessene, bescheidene Lebens- und

Haushaltsführung benötigt. Es ist damit pfändbar, so dass der V ein Pfandrecht an ihm gemäß § 562 I erworben hat.

2. Erlöschen des Pfandrechts

Das Pfandrecht ist gemäß § 1252, der gemäß § 1257 anwendbar ist, erloschen, weil die Forderung gemäß § 362 I durch Erfüllung (M hat die noch ausstehenden 4.000 Euro gezahlt) erloschen ist. Also hat V kein Recht zum Besitz mehr gemäß § 986 I 1. Demnach kann M von V Herausgabe des Gemäldes aus § 985 verlangen.

▶ Literatur zu dieser Lektion

📖 Skript **Standardfälle Zivilrecht für Fortgeschrittene**, Fall 11

📖 Timme, **JA** 1999, 763 ff. (Klausur zu § 536 a= § 538 a.F.)

📖 Schilder/Vogel, **JuS** 1999, 460 ff. (Klausur zu § 536 a= § 538 a.F.)

📖 Petersen, **JA** 1999, 292 (295) (Vermieterpfandrecht - Klausur)

📖 Sonnenschein, **Jura** 1993, 30 ff. (Minderung - Klausur zu § 537 a.F.)

Lektion 4: Der Auftragsvertrag und die GoA

A. Der Auftragsvertrag

Das Auftragsrecht selbst hat für Klausuren und Hausarbeiten eine eher geringe Bedeutung. Kennen sollte man die Grundzüge des Auftragsrechts aber deshalb, weil wichtige andere Vorschriften auf die Vorschriften des Auftragsrechts verweisen, vgl. z.B. § 675 I (Geschäftsbesorgungsvertrag) und §§ 681, 683 (Geschäftsführung ohne Auftrag, GoA). Typische Fragestellungen in Klausuren und Hausarbeiten sind folgende:

1. Liegt ein Auftrag (= Vertrag) oder eine bloße *Gefälligkeit* vor, so dass vertragliche Ansprüche grds. ausscheiden?

2. Welche Ansprüche hat der Beauftragte gegen den Auftraggeber?

3. Welche Ansprüche hat der Auftraggeber gegen den Beauftragten?

I. Die Abgrenzung zwischen Auftrag und Gefälligkeit

Durch die Annahme eines Auftrags verpflichtet sich der Beauftragte, ein ihm von dem Auftraggeber übertragenes Geschäft für diesen *unentgeltlich* zu besorgen, § 662. Merkmal des Auftrags ist damit, dass hier jemand – anders als bei der entgeltlichen Geschäftsbesorgung (§ 675) z.B. durch Rechtsanwälte, Steuerberater etc. – *unentgeltlich* tätig wird. Daraus kann jedoch nicht der Schluss gezogen werden, dass bei Unentgeltlichkeit stets ein Auftrag vorliege. Ein Auftrag liegt nur dann vor, wenn der Beauftragte einen **Rechtsbindungswillen** besessen hat. Ob das der Fall ist, muss im Wege der Auslegung nach §§ 133, 157 ermittelt werden.

Hierbei sind folgende Kriterien berücksichtigen:

- Liegt ein *uneigennütziges* Handeln ohne nennenswertes *Eigeninteresse* vor?

- Auch wenn ein uneigennütziges Handeln vorliegt, kann ein Auftrag zustande kommen, wenn dies nach dem *Grund*, dem *Zweck*, der *wirtschaftlichen Bedeutung* oder des für den Leistenden *erkennbaren Risikos* geboten erscheint.

Beispiel 1: Mittags um 12 Uhr klingelt die Nachbarin N zufällig an der Tür der Mutter M. Da M schnell ein Paket zur Post bringen muss, bittet sie die N, kurz in der Wohnung zu bleiben und auf ihr Kind K aufzupassen. Die N passt leicht fahrlässig für einen kurzen Moment nicht auf. Währenddessen reißt K einen teuren Porzellanteller aus dem Regal. Dieser wird zerstört. Hat die M vertragliche Schadensersatzansprüche gegen die N?

Lösung: Die N hat die Beaufsichtigung des Kindes uneigennützig und ohne nennenswertes Eigeninteresse übernommen. Es liegt daher lediglich eine Gefälligkeit des täglichen Lebens vor. Mangels vertraglicher Beziehung hat die M gegen die N keine Ansprüche aus Vertrag. Möglich sind dagegen grds. Ansprüche aus § 823 I (Eigentumsverletzung).

Beispiel 2: B fährt abends nach Hause und nimmt seinen Nachbarn A, den er in der Stadt zufällig getroffen hat, ausnahmsweise im Auto mit, weil der Wagen des A in der Werkstatt ist. Infolge leichter Fahrlässigkeit verursacht B einen Unfall, bei dem der A verletzt wird. Hat der A vertragliche Schadensersatzansprüche gegen den B?

Lösung: Der B hat den Transport des A uneigennützig und ohne nennenswertes Eigeninteresse übernommen. Es liegt daher lediglich eine Gefälligkeit des täglichen Lebens vor. Mangels vertraglicher Beziehung hat der A gegen den B keine Ansprüche aus Vertrag.

Hinweis: Möglich sind dagegen grds. Ansprüche aus § 823 I (Körperverletzung). Keine Gefälligkeit läge vor, wenn der B den A regelmäßig gegen Entgelt im Rahmen einer Fahrgemeinschaft mitnehmen würde.

Beispiel 3: A, B und C haben eine Lotto-Tippgemeinschaft gegründet. C soll den Lotto-Schein ausfüllen, vergisst dies aber. Unglücklicherweise hat die Tippgemeinschaft genau diesmal „6 Richtige". Können A und B gegen C vertragliche Schadensersatzansprüche wegen des entgangenen Gewinns geltend machen?

Lösung: Der BGH argumentiert hier, dass das Schadensersatzrisiko für den C zu hoch sei. Daher sei nicht von einer rechtsgeschäftlichen Verbindlichkeit, sondern von einer Gefälligkeit auszugehen. Vertragliche Schadensersatzansprüche scheiden daher aus. Auch § 823 I greift nicht ein, weil das Vermögen als solches von § 823 I nicht geschützt ist.

Beispiel 4: A macht seinem Nachbarn B deutlich, dass er während seines Urlaubs insbesondere die pflegebedürftigen, sehr teuren Zimmerpflanzen zu versorgen hat. B ist einverstanden. Kann A von B aus Vertrag Schadensersatz fordern, wenn die Pflanzen eingegangen sind, weil B vergessen hat, sie zu gießen?

Lösung: Hier kann man der Zusage des B unter Umständen einen Rechtsbindungswillen entnehmen. Entscheidendes Kriterium ist vorliegend der hohe Wert der anvertrauten Pflanzen und das erkennbare Interesse des A an ihrem Schutz.

II. Die Ansprüche des Beauftragten gegen den Auftraggeber

Der wohl wichtigste und sehr häufig in Klausuren vorkommende Anspruch des Beauftragten ist der Anspruch auf *Aufwendungsersatz.*

Unter **„Aufwendungen"** versteht man *freiwillige* Vermögensopfer. Demgegenüber ist ein **„Schaden"** ein *unfreiwilliges* Vermögensopfer.

Macht der Beauftragte zum Zwecke der Ausführung des Auftrags Aufwendungen, die er den Umständen nach für *erforderlich* halten darf, so ist der Auftraggeber zum Ersatz verpflichtet, § 670. Diese zentrale Norm findet durch Verweisung auch außerhalb des Auftragsrechts Anwendung, vgl. z.B. § 675 I und § 683.

Beispiel 5: Arbeitgeber A fordert den Interessenten B zum Vorstellungsgespräch auf. B nimmt daraufhin einen weiten Anfahrtsweg von 600 Kilometern in Kauf und übernachtet vor Ort. A stellt den B nicht ein. Kann B trotzdem die Hotel-, Fahrt-, und Verpflegungskosten von A verlangen?

Lösung: Hier ist i. S. v. § 662 BGB von einem Auftrag des Arbeitgebers auszugehen. Der beauftragende Arbeitgeber hat dem interessierten Arbeitssuchenden dessen Aufwendungen in den Grenzen des § 670 BGB zu ersetzen. Ein Aufwendungsersatz kommt allerdings nicht in Betracht, wenn der Bewerber sich unaufgefordert in den Betrieb des Arbeitgebers begibt. Dann trägt er die Kosten selbst. § 670 BGB setzt weiter voraus, dass der Bewerber nur solche Kosten verursacht, die er den Umständen nach für *erforderlich* halten darf. Die Kosten für Luxushotels, Bahnfahrten in der ersten Klasse usw. werden damit im Regelfall nicht über § 670 BGB ersetzt.

Beispiel 6: Raser R ist mit seinem „Smart" unterwegs. An einer Kreuzung kommt es zu einer Kollision mit einem Volvo. Dabei wird das Kind des R, das auf dem Beifahrersitz saß, schwer verletzt. R vereinbart mit dem gerade vorbeikommenden Autofahrer A, dass dieser sein stark blutendes Kind sofort ins Krankenhaus fährt. Zwei Tage später verlangt A von R aus Vertrag die Kosten ersetzt, die ihm durch die Reinigung seiner blutverschmierten PKW-Sitze entstanden sind. Zu Recht?

Lösung: A kann gemäß § 670 grds. Aufwendungsersatz verlangen. Unter Aufwendungen versteht man *freiwillige Vermögensopfer*. Anerkannt ist jedoch, dass auch unfreiwillige Schäden an Leben, Gesundheit und Eigentum zu den Aufwendungen i.S.d. § 670 zählen, sofern sie durch eine *tätigkeitsspezifisch gesteigerte Gefahr* entstanden sind. Es darf sich nicht lediglich das allgemeine Lebensrisiko verwirklicht haben. Die Sitze (= Eigentum) des A wurden aufgrund der Fahrt ins Krankenhaus verschmutzt und somit aufgrund einer gesteigerten Gefahrenlage. Ein Anspruch aus § 670 ist gegeben.

Beispiel 7: Wie *Beispiel 6*. Jedoch: Während der Fahrt ins Krankenhaus stößt der A mit dem Wagen des völlig betrunkenen B zusammen. Zwar hat B den Unfall allein verursacht, jedoch hatte er keine Haftpflichtversicherung mehr und ist vermögenslos. A fragt daher, ob er den Schaden an seinem Wagen auch von Auftraggeber R aus § 670 ersetzt verlangen kann.

Lösung: A kann gemäß § 670 grds. Aufwendungsersatz verlangen. Es hat sich vorliegend in dem Unfall jedoch lediglich das *allgemeine Lebensrisiko* verwirklicht und nicht eine tätigkeitsspezifisch gesteigerte Gefahr. Daher hat A gegen R keinen Anspruch aus § 670.

Beispiel 8: Als Baggerfahrer B gerade eine Grube ausschachtet, stößt er mit der Schaufel leicht fährlässig gegen den PKW des Anwohners P. Dadurch entsteht am vorderen Kotflügel eine Delle. B muss an P 1.000 Euro Schadensersatz zahlen. Kann B von seinem Arbeitgeber Freistellung verlangen?

Lösung: Der B kann grds. einen arbeitsrechtlichen *Freistellungsanspruch* gegen seinen Arbeitgeber in analoger Anwendung des § 670 BGB geltend machen. Bei leichter Fahrlässigkeit hat der Arbeitgeber den Arbeitnehmer grds. in voller Höhe freizustellen, d.h., er hat den Schaden zu übernehmen.

III. Die Ansprüche des Auftraggebers gegen den Beauftragten

Der Beauftragte hat den Auftrag wie vereinbart gemäß § 662 auszuführen und darf ihn grundsätzlich nicht einem Dritten übertragen, § 664 I 1. Klausurrelevant ist der Anspruch aus § 667. Danach ist der Beauftragte verpflichtet, dem Auftraggeber alles, was er zur Ausführung des Auftrags erhält und was er aus der Geschäftsbesorgung erlangt, herauszugeben. Diese Vorschrift wird vor allem klausurrelevant, wenn es um *Schmiergelder* und *Sondervorteile* geht.

Beispiel 9: Als A krank wird, vereinbart er mit seinem Bekannten B, dass dieser für ihn im Räumungsverkauf des Möbelgeschäfts M einen Ledersessel kauft. Der Inhaber des Möbelgeschäfts will einen besonders hässlichen Sessel um jeden Preis „loswerden" und zahlt dem B daher ein „Schmiergeld" von 100 Euro. Kann A die 100 Euro von B herausverlangen?

Lösung: A könnte gegen B einen Anspruch auf Herausgabe der 100 Euro aus § 667 haben. Ein Auftrag gemäß § 662 wurde geschlossen. Fraglich ist, ob der B die 100 Euro „aus" der Geschäftsbesorgung oder nur „anlässlich" der Geschäftsbesorgung erlangt hat. Nur im ersten Fall müsste B die 100 Euro an den A gemäß § 667 herausgeben. Die h.M. argumentiert, dass Sondervorteile und Schmiergelder problematisch seien, weil der Beauftragte ihretwegen möglicherweise die Interessen des Auftraggebers vernachlässigen und z.B. für ihn nachteilige Verträge abschließen werde. Um gerade dies zu verhindern, sind Schmiergelder nach h.M. „aus" der Geschäftsbesorgung erlangt. Daher muss B an A die 100 Euro gemäß   § 667 herausgeben.

B. Die Geschäftsführung ohne Auftrag (GoA)

Die Geschäftsführung ohne Auftrag ist dadurch gekennzeichnet, dass jemand ein Geschäft für einen anderen besorgt, *ohne von ihm beauftragt* oder ihm gegenüber sonst dazu berechtigt zu sein, § 677. Gemeint ist in § 677 allerdings nicht das Fehlen eines Auftrags (§ 662), sondern das

Fehlen eines *jeden* Rechtsverhältnisses. Zu unterscheiden ist zwischen der **echten GoA** (§ 677 ff.) und der **unechten GoA**, sog. *Eigengeschäftsführung*, § 687.

I. Die echte, berechtigte GoA

Die echte, *berechtigte* GoA setzt folgendes voraus:

- Der Geschäftsführer muss ein *fremdes Geschäft* führen.

- Er muss *Fremdgeschäftsführungswillen* besitzen

- Ein *Vertrag* bzw. *Schuldverhältnis* für sein Tätigwerden fehlt

- Die Übernahme der Geschäftsführung entspricht dem *Interesse und dem wirklichen oder dem mutmaßlichen Willen* des Geschäftsherrn, § 683.

Liegen die o.g. Voraussetzungen vor, kann der Geschäftsführer insbesondere gemäß §§ 683 S. 1, 670 Aufwendungsersatz verlangen.

Beispiel 10: Landwirt L verbrennt an einem windigen Tag auf seinem Hof Laub. Das Feuer greift unbemerkt auf Strohballen über, die sich direkt neben dem Feuer befinden, ein Großbrand entsteht. Nachdem dieser durch die freiwillige Feuerwehr gelöscht worden ist, knickt der Feuerwehrmann F beim Aufrollen der Schläuche mit seinem linken Fuß um. Dabei wird sein Sprunggelenk beschädigt. Die Behandlungskosten belaufen sich auf insgesamt 15.716,67 Euro. Diesen Betrag will F von L aus GoA ersetzt haben. Zu Recht?

F könnte gegen L einen Anspruch aus §§ 677, 683, 670 (= GoA) auf Ersatz der Behandlungskosten haben.

1. F hat eine *fremdes Geschäft* geführt, da das Löschen zum Pflichtenkreis des L gehörte.

2. Ein *Fremdgeschäftsführungswille* des F ist gegeben.

3. Einen Vertrag, der F zum Löschen verpflichtete, hatten L und F nicht geschlossen. F handelte somit *ohne Vertrag*.

4. Die Übernahme entsprach gemäß § 683 S. 1 auch dem *Interesse und wirklichen Willen* des L, da dieser wollte, dass der Brand gelöscht wurde.

5. Rechtsfolge ist, dass F gemäß § 670 Aufwendungsersatz verlangen kann. Unter Aufwendungen versteht man *freiwillige Vermögensopfer*. Anerkannt ist jedoch, dass auch unfreiwillige Schäden an Leben, Gesundheit und Eigentum zu den Aufwendungen i.S.d. §§ 683, 670 zählen, sofern sie durch eine *tätigkeitsspezifisch gesteigerte Gefahr* entstanden sind. F verletzte sich jedoch beim *Aufrollen* der Schläuche und somit nicht aufgrund einer gesteigerten Gefahrenlage. Ein Anspruch aus §§ 670, 683 scheidet aus.

Beispiel 11: Raser R ist mit seinem „Smart" unterwegs. An einer Kreuzung kommt es zu einer Kollision mit einem Volvo. Dabei wird R schwer verletzt. Der gerade vorbeikommende Autofahrer A fährt den bewusstlosen, stark blutenden R sofort ins Krankenhaus. Zwei Monate später verlangt A von R die Kosten ersetzt, die ihm durch die Reinigung seiner blutverschmierten PKW-Sitze entstanden sind. Zu Recht?

A könnte gegen R einen Anspruch aus §§ 677, 683, 670 (= GoA) auf Ersatz der Reinigungskosten haben.

1. A hat eine *fremdes Geschäft* geführt als er den R ins Krankenhaus brachte.

2. Ein *Fremdgeschäftsführungswille* des A ist gegeben.

3. Einen Vertrag, der A zum Transport verpflichtete, hatten A und R nicht geschlossen. A handelte somit *ohne Vertrag*.

4. Die Übernahme entsprach gemäß § 683 S. 1 auch dem *Interesse und mutmaßlichen Willen* des R, da dieser dem Transport, wäre er bei Bewusstsein gewesen, sicher zugestimmt hätte.

5. Rechtsfolge ist, dass A gemäß § 670 Aufwendungsersatz verlangen kann. Unter Aufwendungen versteht man *freiwillige Vermögensopfer*. Anerkannt ist jedoch, dass auch unfreiwillige Schäden an Leben, Gesundheit und Eigentum zu den Aufwendungen i.S.d. §§ 683, 670 zählen, sofern sie durch eine *tätigkeitsspezifisch gesteigerte Gefahr* entstanden sind. Die Sitze (= Eigentum) des A wurden augrund der Fahrt ins Krankenhaus verschmutzt und somit aufgrund einer gesteigerten Gefahrenlage. Ein Anspruch aus §§ 677, 683, 670 ist gegeben.

Über § 681 finden ferner die §§ 666 bis 668 entsprechende Anwendung. Der Geschäftsführer muss also Auskunft geben, Rechenschaft ablegen und das aus der Geschäftsbesorgung Erlangte gemäß § 667 herausgeben.

II. Die echte unberechtigte GoA

Wenn die Übernahme der Geschäftsführung dem Interesse und dem wirklichen oder dem mutmaßlichen Willen des Geschäftsherrn *nicht* gemäß § 683 S. 1 entspricht, so liegt eine *echte unberechtigte* GoA vor. Der Geschäftsherr kann dann insbesondere gemäß § 678 Schadensersatz verlangen.

III. Irrtümliche und angemaßte Eigengeschäftsführung

Die *unechte* GoA (= Eigengeschäftsführung, § 687) kann weiter unterteilt werden in die *irrtümliche* Eigengeschäftsführung (§ 687 I) und in die *angemaßte* Eigengeschäftsführung, § 687 II. In beiden Fällen fehlt dem Geschäftsführer der *Fremdgeschäftsführungswille.* Er will also nicht für einen anderen, sondern für sich selbst handeln. Während ihm die Fremdheit des Geschäfts bei der irrtümlichen Eigengeschäftsführung (§ 687 I) nicht bewusst ist, handelt der angemaßte Eigengeschäftsführer (§ 687 II) in dem Bewusstsein, dass er nicht dazu berechtigt ist.

Beispiel 12: Sohn S feiert mit seinen Eltern seinen 18. Geburtstag. S merkt nicht, dass seine Mutter M völlig betrunken ist. Als die M dem S ihren VW-Golf schenkt und übereignet, lässt er gleich von seinem Freund F für 200 Euro ein Radio mit CD-Player einbauen. Am nächsten Tag erklärt die M dem S, dass die Schenkung und die Übereignung wegen § 105 II nichtig waren (Betrunkenheit = vorübergehende Störung der Geistestätigkeit). S gibt den Golf an M zurück und will nun von M die 200 Euro für das Radio ersetzt haben. Zu Recht?

Lösung: Es kommen verschiedene Anspruchsgrundlagen in Betracht:

1. S könnte gegen die M einen Anspruch auf Aufwendungsersatz aus §§ 677, 683 S. 1, 670 haben.

Dann müsste der S ein *fremdes Geschäft* mit *Fremdgeschäftsführungswillen* geführt haben. Da die Übereignung (§ 929 S. 1) wegen der Betrunkenheit der M nichtig war, stand der Wagen zum Zeitpunkt des Radioeinbaus noch im Eigentum der M. Also hat der S mit dem Einbau des Radios ein *fremdes Geschäft* wahrgenommen. Besaß S *Fremdgeschäftsführungswillen*? Nein, er ging davon aus, dass er der Eigentümer des VW-Golf geworden sei.

Er wollte das Radio nicht für seine Mutter, sondern für sich einbauen. Ihm fehlte also der Fremdgeschäftsführungswille. Die Vorschriften der §§ 677 bis 686 finden gemäß **§ 687 I** keine Anwendung, wenn jemand ein fremdes Geschäft in der Meinung besorgt, dass es sein eigenes sei. Somit scheidet ein Anspruch auf Aufwendungsersatz aus §§ 677, 683 S. 1, 670 aus.

2. S könnte gegen die M einen Anspruch auf Verwendungsersatz (§§ 994 ff.) haben.

a) Dann müsste ein Eigentümer-Besitzer-Verhältnis zum Zeitpunkt des Radioeinbaus bestanden haben. M war wegen der nichtigen Übereignung Eigentümerin, der S Besitzer des Wagens. S hatte gegenüber der M kein Recht zum Besitz (§ 986), insbesondere nicht aus dem Schenkungsvertrag, da auch dieser nichtig war. Ein Eigentümer-Besitzer-Verhältnis bestand also.

b) S könnte mit dem Einbau des Radios eine *notwendige Verwendung* i.S.d. **§ 994 I** gemacht haben. *Verwendungen* sind solche Vermögensopfer, die nach dem Willen des Besitzers unmittelbar der Sache zugute kommen sollen, also ihrer Erhaltung, Verbesserung oder Wiederherstellung der Sache dienen. *Notwendig* ist eine Verwendung, wenn sie objektiv zur Erhaltung der Sache oder Sicherung ihrer Nutzungsmöglichkeit erforderlich ist. Der Einbau des Radios war jedoch nicht zur Erhaltung des VW-Golfs erforderlich. Es handelt sich nicht um eine notwendige Verwendung. Also kann S die 200 Euro nicht gemäß § 994 I 1 von M verlangen.

c) Es könnte sich um eine *nützliche Verwendung* handeln, die über **§ 996** ersetzt wird. Nützliche Verwendungen sind alle Aufwendungen auf die Sache, die deren Wert steigern und/oder die Gebrauchsfähigkeit erhöhen. Das eingebaute Radio stellt eine nützliche Verwendung dar, da es den Wert des Golfs steigert und seine Gebrauchsfähigkeit erhöht. Der S hat diese Verwendung auch vor dem Eintritt der Rechtshängigkeit und vor dem Beginn der in § 990 bestimmten Haftung gemacht. Also kann S von M aus § 996 Ersatz seiner Verwendung (200 Euro) verlangen.

Beispiel 13: Dem E wird sein VW-Golf gestohlen. Der Dieb D verkauft ihn für 3.000 Euro an den X. X verkauft den Wagen, der 5.000 Euro wert ist, für 6.000 Euro weiter an den Z. X weiß dabei, dass der Golf gestohlen wurde und immer noch dem E gehört. E genehmigt die Veräußerung des X an Z, nachdem er erfahren hat, dass X den Wagen über Wert verkauft hat. Kann E von X nun den Verkaufserlös in Höhe von 6.000 Euro herausverlangen?

Lösung: Es kommen verschiedene Anspruchsgrundlagen in Betracht:

1. E könnte gegen X einen Anspruch aus § 816 I 1 auf Herausgabe des Verkaufserlöses haben.

a) Indem X den Wagen an Z übereignete, *verfügte* er über den Wagen. Der Wagen gehörte dem E, so dass X als *Nichtberechtigter* gehandelt hat.

b) Diese Verfügung war dem E gegenüber *wirksam*, wenn der Z Eigentum an dem Golf erworben hat.

aa) Wegen § 935 I war ein Erwerb des Eigentums selbst dann ausgeschlossen, wenn Z gutgläubig (§ 932 I) war.

bb) E hat als Berechtigter genehmigt gemäß § 185 II. Dadurch ist die Verfügung des X wirksam geworden.

c) Rechtsfolge: X muss das „durch die Verfügung Erlangte" herausgeben. Dies ist nach h.M. der komplette Erlös von 6.000 Euro, also auch der Gewinn.

2. E könnte gegen X einen Anspruch aus §§ 687 II, 681 S. 2, 667 auf Herausgabe der 6.000 Euro haben.

a) Indem der X dem Z den im Eigentum des E stehenden Golf verkaufte, hat er ein *objektiv fremdes Geschäft* wahrgenommen.

b) X handelte mit *Eigengeschäftsführungswillen*.

c) Der E hatte dem X den Verkauf nicht gestattet, so dass X *ohne Berechtigung* handelte.

d) X wusste, dass er dem Z den im Eigentum des E stehenden Golf verkaufte. Er hatte also *Kenntnis* von der Fremdheit des Geschäfts und seiner mangelnden Berechtigung.

E hat daher gegen X einen Anspruch aus §§ 687 II, 681 S. 2 ,667 auf Herausgabe der 6.000 Euro.

▸ Literatur zu dieser Lektion

📖 Skript **Standardfälle Zivilrecht für Fortgeschrittene**

📖 Giesen, **Jura** 1994, 352 ff. (Grundlagen zu §§ 662 ff.)

📖 Giesen, **Jura** 1996, 225 ff.; 288 ff.; 344 ff. (Grundlagen zur GoA)

📖 Schmidt, **JuS** 2004, 862 ff (Anwendungsbereich der ber. GoA)